십 대를 위한

감정의
인문학
카페

**십 대를 위한
감정의 인문학 카페**

초판 1쇄 발행 2022년 3월 31일
초판 3쇄 발행 2023년 6월 2일

지은이 정수임
펴낸이 이지은 **펴낸곳** 팜파스
기획편집 박선희 **마케팅** 김서희, 김민경
디자인 조성미
인쇄 케이피알커뮤니케이션

출판등록 2002년 12월 30일 제 10 - 2536호
주소 서울특별시 마포구 어울마당로5길 18 팜파스빌딩 2층
대표전화 02 - 335 - 3681 **팩스** 02 - 335 - 3743
홈페이지 www.pampasbook.com | blog.naver.com/pampasbook
이메일 pampas@pampasbook.com

값 13,000원
ISBN 979 - 11 - 7026 - 474 - 3 (43190)

십 대를 위한

감정의
인문학
카페

정수임 지음

팜파스

미하엘 엔델의 소설『모모』의 주인공 '모모'는 신비할 것 하나 없
는 아이예요. 어느 날 폐허가 된 원형 극장에 난데없이 등장한 소녀
지요. 고아원에서 탈출한 모모는 꼬질꼬질한 맨발에 누더기 옷을
입고 자기 나이도 알지 못했죠.

그런데도 사람들은 마을 외곽의 무너진 원형 극장으로 찾아와 모
모와 이야기하길 원했어요. 모모에게 특별한 능력이 있다면 그건
누구보다도 진심을 다해 사람들의 이야기를 들어 주었다는 거예요.
사람들은 모모를 찾아와 이야기했고 모모가 아무것도 해결해 주지
않아도 스스로 답을 알아갔어요.

어떻게 그게 가능했을까요? 아마도 스스로 모른 척하고 싶었던
마음을 꺼내 보았기 때문이 아닐까요? 얽히고설킨 마음들이 풀어
내는 이야기들을 모모에게 전하며 자기 마음이 정말 하고 싶은 말
을 알아챘기 때문이 아닐까요?

어쩌면 지금 우리의 마음도 알아채 주길 기다리고 있을지도 몰라요. "있잖아, 지금, 내가 하고 싶은 말이 있어." 이러면서 말이죠. 마음이 건네는 소리를 듣지 못할 때는 표정이나 말투, 눈빛, 발걸음까지도 바꾸면서 말을 걸기도 해요. 하지만 때론 모른 척하고 싶은 마음이 있어요. 심장이 두근거리고 얼굴이 벌게져 화가 나는 마음, 사람들이랑 말을 섞고 싶지 않을 만큼 도망치고 싶은 마음, 제발 혼자 있었으면 싶은 마음들이 불쑥 고개를 내밀 때 그렇지요. 슬픔이나 화, 불안이나 죄책감, 질투, 후회처럼 때론 불편하기까지 한 그런 마음들. 이 책은 이렇게 마주하기 두렵고 밀어내고 싶은 마음들이 건네는 이야기들을 담고 있어요.

주인공 아름이의 이야기가 모두의 이야기가 될 수는 없겠지만 때론 마주하기 두려운 마음과 만나야만 할 때 이 책이 도움이 되었으면 좋겠어요. 아름이에게 그랬듯 '모모'를 닮은 할머니의 차 한 잔이 여러분에게도 위로가 되고 용기가 되어 가 닿길 바랄게요.

정 수 임

contents

내 은신처를
너에게도 허락할게

허름한 건물 옆으로 난 좁은 골목에서 나는 루아를 처음 만났다. 그곳은 나지막한 언덕 꼭대기에 있었고 오랫동안 임대문의 현수막이 걸려 있던 낡은 건물 옆 좁은 골목이었다.

지금 생각해 보면 주변에는 온통 쓰레기들뿐이었고 나의 어두컴컴한 마음처럼 그늘진 곳이었다. 하지만 그때 나는 이곳이 게임 속 던전처럼 안전하고 편안하다고 느꼈다. 그즈음 나는 세상으로부터 도망치고 싶었고 누구와도 관계 맺고 싶지 않았다. 그런 까닭에 이곳은 내가 종종, 아니 자주 찾는 나의 은신처였다.

그날, 그런 나만의 은신처에 한 녀석이 떡하니 차지하고 있었다. 마치 여기는 이제부터 자기 자리라는 듯 당당하게.

더구나 그 녀석은 도망은커녕 내가 다가가도 나를 거들떠보지도 않았다. 그저 고개를 땅에 박고는 눈만 느리게 껌벅이고 있었다. 그 무신경한 모습에 나는 그만 울컥하고 말았다. 여긴 엄연히 내가 먼저였으니까!

"야, 여기 내 자리야."

나도 모르게 말이 튀어나왔다.

나를 한번 쓱 볼 뿐 다시 고개를 숙이는 녀석의 모양새가 "그래서 뭐?"라고 대꾸하는 것처럼 보였다.

"아무도 없어서 좋았는데……."

나는 투덜거리면서도 슬그머니 그 옆에 다가가 쭈그려 앉았다. 이렇게 고양이를 가까이서 보는 건 처음이었다. 그 녀석은 내가 두 손을 펼친 것보다 작았다. 배와 다리 그리고 턱 아랫부분은 하얬고 연회색빛 등에는 검은 줄무늬가 있었다. 고양이라면 순식간에 담장을 넘나드는 날렵한 모습이 떠올랐는데 이 녀석은 도망칠 기색도 없이 그늘진 곳에서 눈만 겨우 감았다 떴다 했다. 어쩐지 그 모습이 나를 닮은 듯도 하고 애처로워 보이기도 했다.

"야, 근데 너 어디 아파?"

'어차피 듣지도 못할 대답인데 왜 자꾸 말을 걸고 있지?'라고 생각하면서도 나는 조금 더 가까이 다가갔다. 이곳에 누군가와 함께 있는 건 처음이었는데 어쩐지 그 처음이 싫지 않았다.

"아프면 그냥 있어. 내가 허락할게."

대단한 선심을 쓰듯 말하고는 흘끔흘끔 녀석을 보았다.

아, 우유!

가방 속에 급식으로 받은 우유가 있나는 게 생각났다.

"너 배고프지 않아?"

녀석에게 말을 붙이고 우유갑을 열며 주변을 두리번거렸다. 하지만 쓰레기뿐 우유를 따라 줄 만한 접시는 보이지 않았다. 하는 수 없이 나는 움푹한 바닥에 우유를 아주 조금 떨어뜨렸다. 고소한 향이 확 하고 올라왔다. 녀석의 분홍 코도 움찔거리더니 드디어 고개를 들었다.

그 작은 몸짓이 반가워 나는 녀석 앞쪽으로 우유를 떨어뜨렸다. 그러자 도통 안 움직일 것 같던 녀석이 몸을 일으켜 다가와 우유를 할짝거렸다.

나도 모르게 입이 벌어졌다.

"맛있어?"

당연히 대꾸는 없었다. 하지만 꼬물거리는 그 작은 몸짓이, 내가 준 우유를 먹는 녀석이 꽤 신기했다.

"너, 여기 계속 있어도 돼. 좋지?"

나는 대답 없는 이 친구가 맘에 들었다. 어차피 누군가와 대화하는 것도 싫었다. 대화라는 게 제대로 된 적이 한 번도 없었으니까.

나는 우유를 마시는 녀석의 뒤통수를 조심스럽게 손가락으로 살

살 긁어 주었다. 녀석은 귀를 잠깐 세우더니 이내 아무렇지 않게 우유를 먹었다. 보드랍고 따뜻한 감촉이 손끝을 간질였다.

"너, 이 우유 마셨으니까 나랑 친구하는 거야."

할짝. 할짝.

"그래, 이름은 뭐가 좋을까?"

혼잣말인지 대화인지 모를 말을 중얼거리며 나는 녀석의 이름을 곰곰 생각했다.

문득 얼마 전 책에서 읽은 '루아'라는 단어가 떠올랐다. 어디서 읽었더라? 살아 있는 생명은 모두 공통된 조상을 가진다는 내용이 었는데, 그걸 루카 혹은 루아라고 한다고 했다. 나는 루카보다는 루아가 더 맘에 들었다.

"너, 이제 루아라고 하자. 우리 생긴 건 달라도 아주 먼 옛날에는 같은 세포였을지도 몰라."

그렇게 말하다 나도 모르게 헛웃음을 흘렸다. 시답지도 않은 말이었지만 내가 그런 생각을 했다는 게 좀 신기했다. 생각보다 나는 별별 생각을 다 하고 있나 보다.

루아에게 말을 건네는 사이에 아무도 나를 찾지 않으면 좋겠다는 마음은 사라져 있었다.

그렇게 그날, 루아와 나는 친구가 되었다.

친구라고
말해 버리다

세상에, 이게 뭐야!

나와 루아의 은신처를 빼앗겼다. 아무도 찾지 않는 골목길에 불이 켜지고 사람들이 드나들게 된 것이다. 나는 덜컥 걱정이 됐다. 조용하고 발길이 뜸한 골목길이라 루아도 안심하고 지냈을 텐데…….

시작은 골목에 붙은 가게 유리창에 걸린 '임대문의' 현수막이 사라진 것부터였다. 그때만 해도 나는 별 생각이 없었다. 이 자리에 문을 연 가게는 전에도 몇 번 있었다. 하지만 그 가게들은 오래지 않아 '점포정리', '폐업' 문구를 붙이고 사라졌다.

그러다 보니 이제 나는 새로운 가게가 문을 열면 "저 집은 얼마나 버틸까?"라며 시작도 하기 전에 망할 것을 확신했다. 그리고 그

예상은 여지없이 맞았다.

바로 그런 까닭에 가게 옆은 늘 어수선했고 지저분했다. 해가 뜨나 지나 골목 안은 그늘졌다. 하지만 숨기 좋아하는 나와 루아에게는 아늑하기만 한 곳이었다. 그런데 아늑한 골목길에 불빛이 비치기 시작한 것이다.

이 가게에 새로운 주인이 나타났다. 게다가 전에 있던 인형뽑기방, 무인 아이스크림 판매점처럼 가게 내부만 빌려 쓰는 게 아닌 건 분명했다.

새로운 주인은 이전의 주인들과 달리 낡은 건물과 주변을 치우는 일부터 시작했다. 오랫동안 방치된 쓰레기와 먼지가 사라졌고, 건물 벽에 아무렇게나 그려진 낙서도 자취를 감췄다.

그 대신에 하얀 페인트로 깔끔하게 색칠된 외벽과 아치 모양의 나무 문이 달린 출입구가 생겼다. 나무 문에 달린 작은 종은 문이 열리고 닫힐 때마다 딸랑 소리를 내었다. '임대문의' 현수막이 붙어 있던 통유리는 반짝반짝 윤이 나게 닦여 가게 안을 투명하게 보여 줬다.

"레몬생강청?"

나는 골목길에서 루아를 찾다가 가게 안을 슬며시 들여다보았다. 햇살이 가게 안쪽까지 들어온 내부에는 작은 유리병에 담긴 수제청들이 정겹게 담겨 있었다. 직접 만들었다는 자몽청, 레몬청, 모과청이 있었고, 예쁜 찻잔과 편안한 의자도 보였다.

그렇다. 이곳은 찻집이었다! 찻집이라니 정말 생각해 본 적 없는 가게였다. 무엇보다도 이 후미진 골목길과는 어울리지 않았다.

깔끔하고 정겹게 꾸민 가게에는 희한하게도 간판이 없었다. 누구도 이 찻집의 존재를 아는 사람이 없을 것 같았다. 그럼에도 투명한 유리창 속에는 이따금 사람들의 모습이 있었다. 때론 환하게 웃고, 또 때로는 잔뜩 울상을 짓고, 또 때로는 화가 난 표정을 한 주인 할머니도 함께 보였다. 장담하건대, 내가 본 할머니들 중에서 가장 표정이 많은 할머니였다.

그러거나 말거나 중요한 건 이렇게 해서 나와 루아의 은신처가 사라졌다는 사실이다. 솔직히 말하면 막 가게가 문을 열 때만 해도 곧 폐업할 거라고 믿어 의심치 않았다. 그런데 이상하게도 이 후미진 골목길의 끝까지 사람들이 꾸역꾸역 찾아오는 것이 아닌가?

덕분에 나는 세상의 점보다 작아질 때에도 그 골목에 갈 수가 없었다. 루아와도 만나지 못했다.

루아는 잘 있을까?

그 게으른 녀석이 딴 곳으로 이동하지는 않았을 것 같은데. 혹시 내가 주는 우유를 기다리고 있지는 않을까?

결국 나는 루아 걱정에 가게 근처를 어슬렁대기 시작했다. 사람들이 없는 틈을 노려 가게 주위를 얼쩡거리면서 혹시 루아가 있는지 살펴보기로 한 것이다.

그날은 점점 더워져 저녁에도 바람이 꽤 뜨거웠다. 날이 저물어 길이 조금씩 어두워졌다. 가게의 불이 꺼졌고 골목이 어두워지자 나는 살금살금 은신처로 다가갔다.

"어? 이건……."

나는 루아가 늘 앉는 자리에 놓인 작은 그릇을 보았다. 마치 루아를 위해 놓은 그릇처럼 보였다. 설마 누군가 루아를 돌봐 주고 있는 걸까?

그때였다.

"저기, 얘야?"

나는 갑자기 들려온 목소리에 화들짝 놀라 움찔거리며 뒤를 돌아보았다.

"저런, 놀랐니? 미안하네."

어두운 가운데 들려오는 목소리에 나는 마른침을 삼켰다. 목소리의 주인공은 할머니 같았다. 할머니라면…….

순간 나는 유리창 안에서 온갖 다채로운 표정을 짓던 할머니가 떠올랐다. 설마 이 찻집의 주인분이실까?

그때 루아가 야옹하며 나타났다.

"루아야!"

그리고 이내 내 눈이 휘둥그레졌다. 루아가 내 발목에 몸을 비볐기 때문이었다.

야, 너도 내가 반가웠던 거야? 왜 안 하던 행동을 해?

"아, 네가 이 고양이 친구인가 보구나!"

루아와 나를 보던 할머니가 반갑게 말을 건넸다.

"네? 네."

나는 얼결에 대답했다. 순간 얼굴이 확 달아올라 고개를 푹 숙이고 말았다. 고양이 친구라니 내가 별나 보이지 않을까?

"안 그래도 요즘 너를 자주 봤단다. 창문 너머로 갑자가 나타났다가 사라지는 것만 몇 번이나 봤지. 무슨 일인가 궁금했는데, 이 고양이를 보러 온 거였구나."

"네? ……네."

"고양이 네가 키우는 거니?"

"아니요. 그건 아닌데……."

"그럼. 그냥 길냥이를 돌봐 주는 거야?"

할머니의 질문은 끝도 없이 이어질 태세였다.

그때 내 입에서 이 말이 튀어나왔다.

"그게요, 얘 이름은 루아예요."

가끔 나는 내 말이 어디서 나왔는지 모르겠다는 생각이 들 때가 있다. 지금도 그렇다. 모르는 할머니에게 왜 루아의 이름을 알려 줬을까?

그런데 할머니는 나도 모를 내 마음을 알아차린 듯이 웃으며 대꾸했다.

"그래, 네 친구 이름이 루아구나."

희한하게도 할머니가 말한 '친구'라는 발음이 어쩐지 가슴을 두근거리게 했다.

"……"

"루아라니 예쁜 이름이네. 그런데 얘 참 덥지 않니?"

"에?"

"저녁인데도 참 덥네. 실은 내가 이 찻집 주인이라서, 시간이 괜찮으면 시원한 차 한잔 하고 가지 않을래?"

"네? ……차요?"

할머니는 마치 내 대답을 들었다는 듯이 정겹게 손짓을 하고는 가게 문을 열었다.

할머니가 앞장서서 문을 열고 들어서자 톡 하는 소리와 함께 불이 깜빡하고 켜졌다. 그와 동시에 어둑했던 거리가 다시 환해졌다. 나무 문에 달린 종에서 딸랑 소리가 들리자 왠지 내 마음에 작은 파동이 일어나는 것 같았다.

나쁜 마음은 없애고,
극복해야 하는 거잖아요?

#마음

이런 걸 가시방석이라고 하는구나…….

얼떨결에 할머니의 찻집에 발을 들여놓기는 했는데 어디에 앉아야 할지 무슨 말을 해야 할지 모르겠다. 나는 테이블 사이에서 어찌할 바 모르는 아이처럼 어정쩡하게 서 있었다. 뒤쪽 공간에서 달그닥 소리를 내며 다기를 들고 나오던 할머니가 나를 보고 웃었다.

"자, 여기 와서 앉아."

할머니가 가리킨 곳은 사람들이 늘 앉아 있던 자리였다. 카페 유리창을 통해 그 자리에 앉아 있던 사람들을 보곤 했다.

"네……. 감사합니다."

나는 쭈뼛거리면서 할머니가 가리킨 의자에 앉았다. 나도 모르게 가게 안을 두리번거렸다. 이렇게 앉고 보니 내부는 밖에서 생각했던 것보다는 작았고 훨씬 아늑했다. 그러니까 뭔가 아지트처럼 느껴지는 구석이 있었다. 도란도란 이야기를 나누고 싶은 기분이 드는 따뜻함이 느껴지는 공간. 아기자기한 소품들과 예쁜 다기들이 알맞게 어우러져 구경할 것도 많았다.

"가게가 작아도 볼 게 좀 많지?"

"네? 아니요……."

괜히 속마음이 들킨 것 같아서 얼굴이 화끈거렸다. 할머니는 디자인을 배우고 싶어 하는 손주가 자기 하고 싶은 대로 이 카페를 맘껏 꾸며 놨다고 말해 주었다.

"고양이 아니 루아는 언제부터 보살펴 준 거니?"

할머니는 네모난 얼음이 동동 떠 있는 매실차가 담긴 찻잔을 내 앞에 놓았다.

"아, 한 석 달 정도 된 거 같아요. 처음 봤을 때는 봄이었거든요."

"그렇구나. 나도 루아를 보고 물과 먹을 것을 챙겨 줬는데, 선뜻 먹지 않더구나. 길냥이들은 매우 배가 고플 텐데도. 그때 누군가 루아를 돌봐 주고 있는 게 아닐까 하는 생각이 들었지."

"그럼, 그 그릇은……."

"그건 루아에게 어울리는 거로 우리 손자가 골라 준 거야. 루아도 맘에 들었는지 거기에 밥을 담아 주니 먹던데?"

"정말요?"

루아는 나를 처음 만났을 때처럼 할머니에게도 무신경했을 것 같았다.

"루아를 돌봐 주셔서 감사해요."

"뭐 돌봤다기보다는, 루아가 나를 허락해 준 분위기였는데?"

"하하, 뭔지 알 것 같아요."

나도 모르게 웃었다. 루아를 돌보았다는 것만으로도 왠지 동질감이 생겼나 보다.

"고양이는 루아라고 했고, 너는 이름이 뭐니?"

"아! 저는 김아름이라고 해요."

"음, 갑자기 물어봐서 미안한데……. 몇 살이니?"

"네?"

갑자기 호구 조사하는 것도 아니고 왜 나이를 묻지? 내 의구심이 얼굴이 다 드러났는지 할머니는 얼른 웃으며 대꾸했다.

"실은 가게에서 일할 아르바이트를 구하고 있단다."

"아르바이트요?"

"응. 만일 네가 괜찮다면 주말이나 주중에 편한 시간을 정해서 말이야."

너무 느닷없는 제안이라 뭐라고 대답해야 할지 마땅한 말이 떠오르지 않았다. 무엇보다 할머니는 나를 오늘 처음 보았을 뿐인데 뭘 보고 아르바이트를 해 달라고 하는 걸까?

"왜 저를⋯⋯."

"그야 루아를 보러 와 주었으니까."

"네?"

루아를 보러 와 준 게 이유라고? 뭔가 아리송한 대답이라서 더 대답하기가 어려워졌다.

"망설여지니?"

"사실 이런 일을 잘할 수 있을지 잘 모르겠어요."

"이런 일이라니?"

"⋯⋯사람들을 대하는 일이요. 저는 겁도 많고, 말도 잘 못해서."

"너무 걱정할 것 없어. 워낙 작은 공간이라 사람들이 많이 들어오지도 못하거든. 그리고."

긴장한 나에게 할머니는 빙긋 웃었다.

"서툴면 좀 어떠니? 처음인데."

"그래도⋯⋯."

"부담스럽다면 거절해도 괜찮단다. 나도 너랑 도란도란 이야기하면서 일하면 즐거울 것 같아서 말한 거니까. 대신 아무 때나 놀러 와도 돼. 루아도 보러 오고 말이야. 루아야말로 너의 친구잖니?"

할머니의 말을 들으니 왠지 그동안 내가 이 찻집 근처를 기웃거렸던 것을 알고 계셨을 것 같았다. 할머니는 다기와 함께 들고 온 유리병을 열었다. 그 유리병은 내가 이 가게를 기웃거릴 때 바깥에서도 진열된 것을 본 적이 있었다. 바로 레몬생강청이었다!

할머니는 유리병 안에 든 액체를 떠서 새로운 찻잔에 담았다.

"자, 이것도 맛보렴."

나는 차가운 찻잔을 받아들었다. 투명한 찻잔에 담긴 연노랑빛 액체가 아주 예뻤다.

"레몬생강차야. 레몬의 상큼한 맛과 생강의 쌉쌀한 맛이 생각보다 잘 어울린단다. 왠지 내가 너에게 걱정을 안겨 준 것 같아서, 이 차를 마시고 걱정을 덜었으면 좋겠구나. 아, 그렇다고 그 걱정하는 마음이 나쁘다는 건 절대 아니란다. 마음은 좋은 것도 나쁜 것도 아니니까."

나는 할머니의 친절한 설명을 듣고도 선뜻 고개를 끄덕이지 못했다. 할머니의 말은 어딘지 좀 맞지 않다고 느꼈기 때문이다. 걱정하는 마음이 나쁘지 않다고? 마음은 좋은 것도 나쁜 것도 아니라고?

하지만 난 분명 마음 때문에 힘들었고, 또 힘들다. 결국 나는 참지 못하고 할머니에게 말하기로 했다.

"마음이 나쁠 때도 있어요. 매일 걱정하고 불안해하고 혼자서 슬퍼하면요? 그런 마음들도 괜찮다고 할 수 없잖아요?"

말을 하고 나서도 아차 싶었다. 할머니께 좀 버릇없게 들릴 수도 있을 것 같았다. 하지만 이미 한 말을 주울 수도 없어 나는 애꿎은 찻잔만 만지작거렸다. 할머니는 그런 내 기색을 읽었는지 푸근하게 웃으며 말했다.

"그런 마음들도 다 괜찮은 거란다. 아름아, 너는 네 마음을 마음대로 할 수 있니? 그런 마음들이 나쁘다고 없애 버리거나 잊어버릴 수 있어?"

"그게, 그럴 순 없죠. 하지만 그러려고 애쓰는 거죠. 극복해야 하잖아요."

안 좋은 감정, 나쁜 마음은 극복해야 한다. 엄마가 교통사고로 돌아가셨을 때 사람들이 모두 내게 한 말이었다.

"동생도 있는데 누나인 네가 마음을 잘 추슬러야지."

"언제까지 슬퍼만 하고 있을 거니? 이겨 내야지."

불쌍하고 안쓰러워하다가도 곧 이겨 내라고 재촉해 왔다. 그 말대로 나도 이겨 내려고 애썼지만 그런 마음들은 쉽게 물러나지 않았다. 나를 계속해서 괴롭혔다. 그런데 그런 마음들이 괜찮다니. 할머니는 대체 무슨 말씀을 하시는 걸까?

"그렇게들 말하지. 하지만 아름이 너는 그게 잘되었니?"

할머니는 마치 그동안의 일을 모두 알고 있는 것처럼 말했다.

"……아니요."

"맞아. 마음은 억지로 바꾸려고 한다고 해서 쉽게 달라지는 것이 아니야. 사실 그건 억지로 바꾸려고 들 필요도 없는 마음들이야. 마음은 우리에게 자기 말 좀 들어 달라고 신호를 보내거든. 그런데 우리는 마음이 우리에게 거는 말을 너무 외면하면서 지내."

할머니의 말은 갈수록 아리송하기만 했다. 나는 결국 실토할 수밖에 없었다.

"……죄송해요. 잘 모르겠어요. 그게 대체 무슨 말인지……."

"죄송하긴. 내가 너무 말을 어렵게 해서 너를 곤란하게 한 것 같구나. 음, 이건 어떠니? 이 찻집에는 너처럼 마음 때문에 힘든 사람들이 자주 온단다. 이 카페에서 함께 일하면서 그 사람들이 자기 마음이 하는 소리를 어떻게 듣는지 살펴보면 어떨까?"

"마음이 하는 소리들이요……."

"그래. 마음은 언어란다. 들으려고 노력하는 사람들만이 들을 수 있는 말이지."

듣는 게 말하는 것보다 더 편한 나에게는 솔깃한 이야기였다. 나는 할머니가 건네준 레몬생강차를 두 손으로 감쌌다. 한 모금 입에 머금어 보니 할머니 말씀처럼 새콤하고도 알싸하면서도 쌉쓸한 맛이 입안에 가득 퍼졌다. 생각보다 맛있어서 깜짝 놀랐다.

신맛도, 쓴맛도 결코 좋아하지 않는다. 아마 좋아하는 사람이 드물지 않을까 싶었다. 하지만 누군가는 싫어하는 맛들이 함께 모이니 조화로운 맛이 되었다.

"맛있어요."

할머니는 내 말을 듣고 빙긋 웃었다.

"다행이구나."

창문 밖을 보니 어느새 저녁이 되어 있었다. 가게 앞 테라스에는 마치 예전부터 거기가 자기 자리였다는 듯이 느긋한 자세로 루아가 앉아 있었다.

마음이
마음대로 안 될 땐,

레몬생강차

　상큼한 맛의 레몬과 씁쓸한 맛의 생강을 달콤한 설탕에 절인 후물에 타서 마셔 볼까? 시원한 얼음물이어도 좋고 뜨거운 물이어도 좋아.

　새콤한 향이 입안에 감돌고 씁쓸한 끝맛이 맴도는 것 같아. 미간이 잔뜩 찌푸려질 만큼 신맛이 생강의 씁쓸한 쓴맛을 만나 조화로운 맛이 된다는 게 참 신기하지 않니? 만약 생강이나 레몬 중 하나만 먹었다면 웩 하고 뱉어 버렸을지도 모를 맛인데 말이야.

　만약 마음에도 맛이 있다면 레몬의 강한 신맛이나 생강의 씁쓸하고도 쓴맛은 어떤 마음일까? 아마 슬픔, 불안, 후회와 같은 마음이지 않을까? 그런데 종종 우리는 이 쓴 마음이 아무런 맛도 없는 마음인 듯 지나치며 괜찮은 척하는 경우가 있어.

"별거 아니야. 난 괜찮아." 이러면서 말이야.

우리가 이렇게 하는 이유는 화를 내고, 슬퍼하고 후회하는 일들이 주는 마음들이 '불편하고 나쁜' 마음이라고 생각하기 때문일지도 몰라. 그 마음들에 연연해 "쿨하지 못하게, 유리 멘탈이니?"와 같은 비아냥도 듣기 싫고 말이야. 알싸한 신맛을 '맛없다'고 라벨링한 것처럼 이런 마음도 '나쁘다'고 라벨을 붙이고 외면해 버리는 거지.

하지만 이 마음도 그저 다른 모습이 있을 뿐이라고 생각하면 어떨까? 오히려 '부정적이야. 없어졌으면 좋겠어.'라고 생각하는 마음들이 사실은 더 이해받고 싶고 들려주고 싶은 말이 많은 마음일지도 몰라. 이 마음들은 딱딱한 레몬의 껍질 속에 숨어 있는 말캉한 과육처럼 진짜 속마음은 숨기고 있는 것일 수도 있거든.

이제 나쁘다고 여겼던 마음들이 우리에게 거는 말을 한 번 들어볼까?

알다가도 모르겠는 내 마음,

마음은 대체 어디서 오는 걸까?

오랫동안 사람들은 눈에 보이지 않는 마음이 어디에 있는지 찾아왔어. 하지만 눈에 보이지도, 만질 수도 없는 것을 찾는 일은 무척 어려운 일이야. 피나 뼈처럼 겉으로 보이지는 않지만 엄연히 있다는 것을 확인할 수 있는 것들과 달리, 마음은 도통 어디에 있는지 알 수 없었으니 말이야.

하지만 오랜 시간 동안 사람들은 설레고 걱정되는 일이 있으면 심장이 두근거리고, 감당하기 힘들고 슬픈 일이 있을 땐 심장 주변이 오그라드는 것처럼 아파 오는 경험을 해왔어.

'가슴이 찢어질 듯 아프다'나 '가슴이 터져 버릴 듯 기쁘다' 와 같은 표현만 봐도 사람들이 심장과 마음을 밀접하게 연결지어 왔다는 걸 알 수 있어.

이런 생각은 고대 사람들도 마찬가지였어. 그래서 심장이 바로 정신이나 생각의 원천이라고 여겨 왔어. (여기서는 정신이나 생각에 마음도 포함되는 것으로 여겨 주길 바라.)

고대 이집트의 사후 세계 안내서 격인 『사자의 서(Book of the Dead)』에는 죽은 이들의 죄를 재판하는 장면이 있어. 재판은 아주 간단해. 심장의 무게를 재기만 하면 되었거든. 심장의 무게가 지혜와 정의의 여신이라 불리는 마트의 깃털보다 무거우면 큰 형벌을 받게 돼. 괴물 암무트에게 심장을 먹혀 버리는 거야.

영생을 믿었던 이집트인들에게 심장은 부활을 위한 필수템이었는데 심장을 먹히다니! 정말 끔찍한 형벌이었던 거지. 이렇게 중요한 심장을 판결하는 기준이 지혜와 정의의 여신 마트의 깃털인 건 이집트인들도 심장에서 지혜와 생각이 시작된다고 믿었기 때문이야.

이와 비슷하게 고대 그리스의 아리스토텔레스 역시 심장이 생각의 원천이라고 여겼어. 아리스토텔레스의 이런 결론은 코끼리를 포함해 49종에 이르는 동물을 해부하고 관찰한 결과였어. 그는 심장의 뜨거운 온기에서 정신이 출현하고 뇌는 차가운 기관으로 심장에서 발생한 열을 식히는 것이라고 보았거든. 아리스토텔레스는 심장이 스스로 뛰고 피를 담고 있는 반면 뇌는 약하고 혈액도 없기 때문에 생각의 원천이 될 수 없다고 보았어.

물론 이 당시에도 마음에 관한 다른 생각은 존재했지. 그리스 신화 속 지혜의 여신인 아테네가 제우스의 머리에서 태어났다든가, 이집트 의학의 아버지 이모텝이 뇌를 치료한 기록이 남아 있는 것들도 인간의 지혜는 심장이 아니라 머리, 뇌에서 시작된다고 생각했던 사람들이 있었던 것을 보여 주는 단적인 예야.

하지만 현대 과학과는 거리가 아주 먼, 심장에서 마음이 생겨난다는 아리스토텔레스와 같은 믿음은 꽤 오랫동안 이어 왔어. 기독교를 중심으로 했던 유럽 사회에서 인간의 감정(영혼)은 사람이 설명할 수 없는, 아니 해서는 안 되는 영역이었어. 인간의 마음은 몸의 어떤 기관에서 영향을 받는 게 아닌 신의 영역이라 생각했던 거야.

뇌의 비밀? 마음의 신비?

우리의 마음은 원래 우주만큼이나 복잡하니까

이런 믿음이 조금씩 변화를 거치면서 17세기 존 로크에 이르러 '생각하는 존재'로서의 뇌가 등장해. 인간의 몸과 마음이 분리되어 있는 게 아니라 인간의 마음이 몸과 연결되어 있다는 놀라운 주장이 나타난 거지.

이 주장이 놀라운 이유는 인간의 마음이 신에게서 독립을 선언한 것이기 때문이야. '자아'라는 개념이 생겨난 순간이고 존 로크의 이런 주장은 그 이후로 우리가 오고가다 들은 칸트, 흄과 같은 철학자들에게 영향을 미치게 되었지.

이후 인간의 마음은 과학적 탐구의 대상이 되었어. 오늘날에는 뇌 과학, 인지 심리학이라 불리며 발전하고 있어. 이때의 마음은 뇌의 활동과 연결된 마음이겠지. 조금 더 구체적으로는 두뇌피질이라는 곳에서 만들어지는 생각, 기억, 감정 등이겠지.

그런데 만약 뇌 과학자들의 주장처럼 마음이 뇌의 활동과 연결되어 있다고 본다면 우리의 선택이나 기억, 감정이 기계처럼 작동하는 것은 아닌가 하는 생각을 할 수 있어.

하지만 인간의 선택이나 마음은 스위치를 누르면 켜지는 형광등처럼 단순하지만은 않단다. 그런 까닭에 뇌 과학도 많은 가설을 세우고 그것을 증명해 가는 과정에 있어.

그렇지만 영국의 뇌 과학자인 수잔 그린필드의 말처럼 뇌는 탐구의 대상이면서 주체야. 다시 말하면 뇌의 비밀을 밝혀 가는 일도 뇌가 하고 있는 중이라는 거지. 처음과 끝을 알 수 없는 뫼비우스의 띠와 같은 뇌의 비밀, 그러니까 뇌가 관여한다는 마음의 신비 역시 어쩌면 영원히 풀지 못할 숙제일지도 몰라.

이처럼 우주의 기원에 다양한 가설이 있듯 마음의 기원에도 다양한 가설이 있어. 이 사실은 우주를 이해하기 어려운 만큼이나 인간이 자신의 마음을 이해하기가 어렵다는 것을 보여 주지.

하지만 이제부터 우리가 나눌 이야기에서 마음이 뇌에 있는지, 심장에 있는지는 그렇게 중요하지 않아. 우리는 마음이 어디에 있고 어떻게 시작되는지를 고민하는 게 아니라 마음을 조금 다르게 보려고 노력할 거거든.

동전의 양면이 있듯 마음의 다른 면을 찾아보려고 해. 특히 '안 좋은, 부정적인, 나쁜' 이라는 말을 데리고 다니는 마음들을 중심으로 말이야.

만약 마음이 마음대로 되었다면, 그리고 부정적이라 부르는 감정들이 인간의 삶을 힘들게만 했다면 이제부터 만나 볼 슬프고, 두렵고, 아프고, 불안한 마음들이 진작 사라지지 않았을까? 그런데 왜 부정적인 마음들은 마치 제 역할이 있는 것처럼 우리 옆에 끈질기

게 남아서 오랜 세월을 함께해 온 걸까?

자, 이제 그동안 꾹꾹 참아 왔던 마음들이 하는 말을 들어 보자.

마음이
걸어오는
말
한 마디

인간은 늘
특정한 감정 상태에 있습니다.

_ 빌헬름 분트

근대 심리학의 아버지라 불리는
독일의 심리학자 빌헬름 분트가 한 말이야.
인간이기 위한 여러 조건이 있다면
그중 하나는 바로 감정일 거야.
비록 그것으로 인해 괴로울지라도 말이야.
혹시 지금 마음이 복잡하니?
그건 잘못된 것이 아니라
인간이기에 당연한 것이라고 생각하는 건
어떨까?

귀찮아 죽겠어요

#회피

　할머니의 찻집에 가려면 큰길과 이어진 야트막한 언덕을 10분 정도 올라가야 했다. 아파트와 주택들이 꼬불꼬불 이어진 이 동네에서 편의점이나 카페는 매우 흔했다. 그런데도 사람들은 굳이 이 길을 올라와 할머니를 만나고 갔다.

　그렇다. 차를 마신다기보다는 할머니를 만나고 갔다는 게 더 적절한 표현이다. 할머니네 찻집에서 이야기를 나눈 이후로 나도 학교가 끝나면 그곳으로 향했다. 루아를 만난다는 건 핑계였고, 사실할머니 찻집이 좀 궁금해졌다.

　할머니의 찻집에는 혼자 오는 사람들이 많았다. 그리고 하나같이 표정은 어두웠다. 그러다 차를 마시고 한참 이야기를 나누고 나올 때면 한층 밝아져 있었다. 한 명도 아니고 모든 사람들이!

그쯤 되니 나는 그들이 도대체 무슨 이야기를 하는지 궁금해지지 않을 수 없었다.

"그냥 알바 한다고 할까?"

나는 편의점에서 산 복숭아 맛 아이스크림을 우물거리며 가방 속에서 우유를 꺼냈다. 루아의 밥그릇 옆에 놓인 그릇에 쪼르르 우유를 따랐다. 자세히 보니 은빛 밥그릇에는 '루아'라는 이름이 적힌 스티커도 붙어 있었다. 이것도 할머니 손자분의 솜씨일까?

냐옹.

나는 휙 고개를 돌렸다. 루아라고 생각했는데 다른 고양이었다. 괜히 서운한 마음이 일었다.

"쳇. 이제 밥이 있으니까 내 우유는 안 기다리는 거야?"

나는 다 먹은 아이스크림 막대를 잘근잘근 씹었다.

우리 가족은 내가 고등학생이 되면서 오랫동안 살던 동네를 떠나 이곳으로 이사 왔다. 갑작스러운 결정이었다. 엄마와의 추억이 남은 집과 동네를 떠나는 일은 쉽지 않았다. 하지만 교통사고로 돌아가신 엄마를 기억하는 일보다는 쉽다고 생각했던 것 같다. 나도, 동생도 왜 이사를 가야 하냐고 아빠에게 묻지 않은 걸 보면 말이다. 하지만 이사로 엄마뿐 아니라 친구들과도 이별하게 됐다.

친구, 나에게도 친구가 있던 시절이 있었다. 내가 떠날 때 나를 아쉬워하고 걱정해 주던 친구들 말이다. 하지만 나를 걱정하며 연락하던 애들도 드문드문해지더니, 이제는 문자 한 통 하지 않는다. 당연하다고 생각했다. 몸이 떨어지면 마음도 멀어진다는 말도 있으니까. 하지만 서운했다. 머리로 이해해도. 서운한 것만큼은 어쩔 수가 없었다.

그때였다. 가게 옆의 낮은 펜스 위로 루아가 몸을 드러냈다. 이제까지 테라스에 있었던 모양이다. 루아는 우아한 발걸음으로 펜스 위를 따라 걷더니 내 앞으로 가볍게 착지했다. 그러고는 그릇 앞으로 가서 우유를 호록거렸다. 그 천연덕스러움에 나는 그만 스르르 마음이 풀리고 말았다.

"야, 난 또 네가 나 잊은 줄 알았잖아."

희한한 일이다. 장난처럼 루아에게 말했는데 왠지 눈시울이 뜨거워지는 것 같았다. 나는 황급히 눈가에 손을 올렸다. 그때 할머니 가게 문에 붙은 종소리가 울렸다.

딸랑.

우리가 눈에 보이지 않는 소리를 느낄 수 있는 이유는 소리가 공기의 입자들을 떨리게 하기 때문이라고 했었나.

나는 이상하게도 할머니 가게의 저 종소리가 전하는 진동을 찌르르하게 느낀 것만 같았다. 멍하니 문을 열고 나가는 사람의 뒷모습을 보던 나는 루아 옆에 쪼그려 앉았다.

"있잖아, 루아야. 나 알바 해볼까?"

할짝. 할짝.

"그럼 너도 매일 볼 수 있어. 어때? 너도 좋지?"

할짝. 할짝.

"오오. 너도 좋아하는 걸 보니 아무래도 다시 생각해 봐야겠네."

혀로 우유를 할짝이는 그 무관심한 몸짓에도 나는 잘도 홀로 말을 이어 갔다.

"아름이 왔구나."

손님을 배웅하고 돌아선 할머니가 나를 보았다. 나는 자리에서 일어나 어정쩡하게 고개를 숙여 인사했다.

"아, 저기, 루아 좀 보려고……."

말까지 더듬으며 변명 아닌 변명을 늘어놓았다. 할머니가 그런 나를 보고 빙그레 웃었다.

"그래, 루아는 봤니?"

"네."

할머니는 다가와 루아 옆에 앉아 루아의 등을 쓰다듬었다. 그 모습에 내 눈이 휘둥그레졌다.

"아, 안 도망가네요?"

"여기를 제 집처럼 생각하던데? 아주 가게 주인처럼 굴더라."

할머니의 너스레가 섞인 대꾸에 나는 순간 웃고 말았다. 웃다가 이내 내 모습이 어색해져 버렸다.

나 얼마 만에 웃는 거지?

"할머니, 저 아르바이트 아직 할 수 있어요?"

나는 바닥을 쳐다보며 간신히 말했다. 할머니가 루아의 밥그릇을 들고 일어나며 말씀하셨다.

"그럼 당연하지. 그리고 이제 루아를 보려면 이 골목이 아니라 우리 가게로 와야 할걸?"

할머니의 말에 동의라도 하는지 루아는 할머니의 가게 펜스로 또다시 폴짝 뛰어올라 갔다. 할머니와 나는 루아를 따라 테라스로 들어갔다. 나는 어느새 테라스 바닥에 배를 깔고 앉아 있는 루아에게 다가가 콧등을 긁어 주었다.

"이제 여기서 만나는 거야. 알았지?"

"루아가 우리 가게의 마스코트가 되겠네."

할머니는 어쩐지 들뜬 목소리였다.

"자, 우리도 들어갈까?"

"네."

가게에 들어가서 나는 근로 계약서를 썼다. 할머니가 차근차근 설명해 주셔서 계약서의 내용을 알기가 어렵지 않았다.

할머니는 나에게 루아를 보러 언제고 와도 좋지만, 일하는 날이 아닐 때는 절대 도울 생각도 하지 말라고 신신당부하셨다.

전에도 느꼈지만 할머니는 좀 남달랐다. 어쩌면 그런 남다름이 사람을 이 언덕까지 올라오게 하는 힘일지도 모르겠다.

"그런데 아름아, 이 할머니 부탁 때문에 알바를 하는 거라면 거절해도 돼. 억지로 하는 건 나도 사양이야."

할머니가 계약서에 사인을 하기 직전에 말했다.

"아, 아니에요. 그런 거."

나는 고개를 흔들고 손을 막 내저었다.

"하하, 알았어. 하지만 일하는 날 아니면 돕지 않아도 된다. 언제든 놀러 오는 건 환영이지만 너를 부려 먹을 생각은 없어."

할머니가 눈에 힘을 주며 나를 보았다. 나는 다시 한 번 고개를 끄덕였다. 사실 지금도 도대체 어떻게 알바까지 하게 된 것인지 믿어지지 않았다. 막상 알바라 생각하니 뭐든 해야 할 것 같아 앞에 있는 컵을 들고 할머니에게 물었다.

"할머니, 이 컵은 저기에서 씻으면 되겠죠?"

할머니는 얼른 컵을 빼앗았다.

"오늘은 첫날이잖니? 원래 첫날은 오리엔테이션 하는 거야. 일이야 천천히 배우면 되지."

"네에?"

할머니는 찻잎이 든 유리 찻통을 꺼내 오시면서 물었다.

"자, 너는 이 차가 무슨 차인 것 같니?"

유리 찻통에는 뻣뻣한 이파리가 가득 들어 있었다. 아무리 봐도 그냥 말린 잎인데 이걸 보고 알 리가 없었다.

나는 우물쭈물 대답했다.

"서, 초록 잎은 녹차밖에 몰라서요."

"하하. 이건 용기를 주는 월계수란다."

"네? 용기를 주는, 뭐요?"

"용기를 주는 월계수라고. 이름이 좀 그런가?"

"아아, 아니요."

내가 유리 찻병을 이리저리 돌리며 말했다. 할머니가 건네준 찻통에는 새끼손가락 크기가 될랑말랑한 잎사귀들이 들어 있었다.

월계수를 처음 본 내가 신기해하는 사이 할머니는 블랙베리청이라고 쓰인 유리병의 뚜껑을 열었다. 달큰한 향이 가게에 확하고 풍겼다. 할머니는 큰 숟가락으로 청을 뜨고는 월계수 잎사귀 하나를 톡하고 떨어뜨렸다. 유리컵 안에 작은 회오리가 돌면서 잎사귀도 함께 뱅글 돌았다. 내가 아무 말도 없이 그 모습을 바라보고 있을 때였다.

"아름아."

"네."

"사람들이 고민하는 문제들 중에서 쉽게 해결할 수 없는 것들이 참 많아. 그중에 마음은 더욱 어려운 존재야. 어떤 사람들은 마음 먹기에 따라 뭐든 달라질 수 있다고 하지만, 마음을 먹는 일이 여간 힘든 게 아니거든."

"맞아요."

내 맞장구에 할머니가 살짝 웃으셨다.

"그래서인지, 마음을 모른 척하려는 사람들도 있어. 하지만 외면한다고 해서 문제가 없어지는 건 아니야. 오히려 더 심각해질 때도 있지. 아예 손을 쓸 수 없을 정도로 말이야."

'아예 손을 쓸 수 없을 정도.' 어쩌면 이 말이 나와 아빠와의 관계를 설명할 수 있는 말일지도 모른다. 할머니는 블랙베리와 월계수가 동동 떠다니는 찻잔을 건넸다.

"아름아. 이 차 이름은 '용기를 주는 블랙베리월계수 차'란다."

할머니가 찻잔을 가리키며 말했다.

"용기를 주는 블랙베리월계수요?"

세상에 그런 게 어디 있지? 말장난 같은 차 이름에 괜히 심통이 났다.

"너한테는 언제 이 차가 필요하겠니?"

머릿속에 떠오른 순간이 있기는 했지만 나는 쉽게 대답할 순 없었다. 할머니는 아무 말도 하지 않는 나를 재촉하는 대신 다른 질문 하나를 더했다.

"용기는 언제 필요할까?"

"……무서울 때요."

내 말에 할머니가 고개를 끄덕였다.

"그렇구나, 그럼 넌 언제 무섭니? 아니, 뭐가 무섭니?"

"글쎄요."

사실 무서운 순간들은 그때그때 달랐다. 갑자기 시험을 보겠다는 선생님의 말, 내 앞을 휙 하고 지나가는 오토바이, 더 이상 엄마가 세상에 없다는 걸 문득 깨닫는 순간 등등. 무서운 순간은 시시때때 로 변했다. 하지만 정말 무서운 것은 따로 있었다.

아빠. 내가 무서운 건 아빠였다. 나를 때리는 것도, 나에게 소리 를 치는 것도 아니지만 나는 아빠가 두려웠다. 아빠도 엄마처럼 가 버릴까 봐. 아니 엄마의 이야기 때문에 상처받고 아플까 봐. 우리가 예전과 같은 가족이 될 수 없다는 사실이 너무도 두려웠다.

이런 생각을 하는 사이 할머니는 좀전에 가게를 나선 손님에 대 해 이야기했다.

"네가 오기 전에 한 손님이 왔었단다. 아무것도 하기 싫은 손님이 었지. 귀찮아서 하루 종일 침대에 누워만 있다고 하더구나. 뭔가 해 야 할 걸 알고는 있지만, 친구를 만나 노는 것조차 싫대."

'알고 있지만 하기 싫다'는 말이 마음에 콕하고 박혔다. 나도 그 런 적이 정말 많이 있었으니까. 그런데 갑자기 왜 이런 얘기를 하시 지. 아무것도 하기 싫은 거랑 용기랑 무슨 상관이라고.

"근데 아름아, '뭔가를 하기 싫다는 마음이 든다'는 것은 오히려 내가 그것을 할 수 있기 때문이 아닐까?”

“할 수 있기 때문에 하기 싫은 거라고요?”

내가 되묻자 할머니가 고개를 끄덕였다.

“내가 할 수 있는지 없는지 권한조차 없다면 ‘하기 싫다는 생각’도 못할 거야. 그렇지 않니.”

그건 그렇다.

“‘하기 싫다’는 감정을 부정적으로만 보지 말고 이렇게 보는 건 어떨까. 아, 내가 사실 언제든 이걸 할 수 있는 상태이구나. 그렇게 생각하면 마음이 한결 편안해지지 않겠니.”

“음, 그럴 것 같아요.”

“그런 다음에 물어보는 거야. 근데 왜 안 하려고 하지? 하고.”

“아…….”

“그냥 쉽게 ‘귀찮아. 그냥.’이라고 넘어가 버리면 내 마음이 어떤지 잘 알지 못하고 지나치기 쉽거든. 부정적이라고 생각하는 상태를 신호로 삼아서 내 마음을 살펴보는 거야. 내 마음이 어떤지, 마음에 숨은 진짜 문제가 무엇인지…….”

나는 천천히 고개를 끄덕였다.

“아까 그 친구는 공부를 아주 잘하는 친구였어. 그런데 자꾸만 성적이 떨어질까 봐 두려움에 휩싸였지. 문제를 풀수록 불안해지고, 그 불안함이 견디기 힘들어서 아예 책을 펴기도 싫어진 거야. 그렇게 공부하지 않는 내 모습이 싫어서 우울하고, 우울하니 친구랑 놀 기분도 나지 않았대.”

할머니는 차를 한 모금 마셨다.

“그 친구도 처음에는 ‘그냥 아무것도 하기 싫다’고 말했단다. 그러다가 자기 마음을 있는 그대로 바라볼 용기를 냈어. 성적이 떨어질까 불안하다고. 부모님의 기대를 못 채울까 봐 불안하다고.”

할머니는 또 차를 마시고 한마디를 덧붙였다.

“사랑받지 못할까 봐 두렵다고.”

“……”

아무 말도 못했지만 나는 어쩐지 그 마음을 알 것 같았다. 두려워서 시도조차 하고 싶지 않은 마음 말이다.

“이제 그 손님은…… 진짜 문제를 발견한 거지.”

할머니의 말을 들으며 나는 찻잔을 두 손으로 감쌌다. 그리고 천천히 차를 마셨다. 월계수 잎의 알싸한 맛이 입 안에 가득 퍼졌다. 할머니가 말한 용기라는 게 어떤 것인지 조금 알 것 같았다. 마음을 천천히 그리고 자세히 들여다볼 용기, 진짜 문제를 바라볼 용기 말이다.

외면하지 않을
용기를 위해,

블랙베리월계수 차

흔히 알고 있듯 월계수는 승리의 상징이야. 아마도 월계수가 예언 자이며 '태양의 신'이고 '궁술'이나 '의술' 심지어 '음악과 시'의 신 으로도 불리는, 그야말로 "못하는 게 뭐죠?"이라고 물어야 할 것 같 은 아폴론의 상징이기 때문이야. 하지만 월계수는 아폴론에게 승리 의 상징이라기보다는 상처에 가까워. 왜 그런지 한번 들어 볼래?

자신의 잘못을 인정하고

받아들이는 용기에 대해

하루는 아폴론이 사랑의 신인 에로스를 크게 놀렸어.

"이봐, 에로스! 내 화살은 거대한 괴물인 피톤을 죽였다고. 그런데 너의 화살은 그렇게 작고 가느다라니 뭘 할 수 있겠어?"

태어나서 사흘 만에 거대한 뱀 피톤을 화살로 쏘아 죽인 아폴론에게 에로스의 작고 가느다란 화살이 우습게 보인 건 당연한 일이었을지도 모르지.

하지만 에로스의 화살은 마음을 움직이는 화살이었어. 아폴론의 말에 바짝 약이 오른 에로스는 아폴론의 심장을 향해 활을 쏘았어. 바로 사랑에 빠지는 화살을. 그런 뒤 숲의 요정인 다프네의 심장을 향해 증오의 화살을 쏘았지. 그 다음에 일어난 일이야 불 보듯 뻔하지 않겠어? 아폴론은 죽자 살자 다프네를 쫓아다녔고 다프네는 도망가기 바빴지.

"다프네! 도망가지 말아요! 잠시만요!"

자꾸만 도망치는 다프네를 향해 아폴론은 다급하게 외쳤어. 하지만 그 외침에 오히려 다프네는 겁먹었어.

더 이상 도망갈 곳이 없어진 다프네는 강의 신이자 아버지인 페네이오스에게 살려 달라고 빌었어. 페네이오스는 다프네의 부탁을 들어주어 그녀를 그 자리에서 나무로 변하게 하지. 바로 그 나무가 월계수야.

그런데 무슨 마음인지 아폴론은 월계수를 자신의 상징으로 삼았어. 아폴론은 무슨 생각이었을까? 나무로 변한 다프네일지라도 함께 하고 싶은 마음에 그랬을 수도 있어. 하지만 다프네에게 자신의 마음을 강요한 실수를 겸허하게 인정하고 잊지 않으려고 그랬다면 어떨까? 그랬다면 그것은 자신의 잘못을 인정하는 용기이지 않았을까?

이런 이유라면 오늘을 사는 우리에게도 아폴론의 월계수 관이 필요해. 잘못과 실패, 상처를 외면하지 않고 겸허히 받아들인다는 의미의 월계수 관 말이야.

하지만 우리는 대부분 실패나 잘못, 상처되는 경험을 수치스럽게 느끼고, 자신감을 떨어뜨리곤 해. 특히나 과정보다 결과만으로 사람을 평가하려고 드는 사회라면 더욱 그렇겠지?

그런 사회를 살아가는 우리에게 '잘못, 실패, 상처'는 가능하다면 피하고 싶은 경험일 거야. 실패와 잘못이 반복된다면 스스로 쓸모없다고 여기고 열등감에 괴로워하게 될 거야. 도대체 쓸모의 기준을 누가 정하고 어디에서의 쓸모인지도 생각하지 않은 채 말이야. 그래서 가능하면 자신의 부족함은 들키지 않으려고 해.

게다가 세상에는 특출하고 나보다 잘났으며 성공한 사람들이 많은 것 같지. 하지만 가만히 이들의 이야기를 들여다보면 사실 그 이야기는 성공담이 아니라 실패담일 가능성이 아주 높아. 많은 실패 끝에 그들이 원하는 삶의 방향으로 나아간 경우가 많거든. 그럼에도 그들의 실패 과정보다는 성공한 결과만 본다면, 내 잘못이나 실수, 실패는 더 형편없어 보이게 되겠지. 그리고 아무것도 하지 않는 걸 선택하게 돼. 자신도 모르는 사이에 '아무것도 안 하면 아무 일도 안 생길 거야.' 혹은 '나는 잘 모르겠어.' 하는 결정을 내리는 거지.

실패와 잘못을 회피하지 않을
용기가 필요해

새로운 학년이 시작될 때의 교실 풍경을 떠올려 봐. 새로운 친구를 사귄다는 것에 설레고 즐거운 친구들도 있지만 매년 이 시기가 괴로운 친구들도 있어. 대부분이 서로를 탐색하고 알아 가려고 노력하지만, 차라리 아무것도 안 하는 편을 택하는 친구들도 있어. 그냥 자리에 앉아만 있는 거지. 그렇다고 정말 아무것도 안 하는 건 아니야. 들리는 소리에 귀 기울이고 친구들의 행동을 보고 있거든. 하지만 그뿐이야. '혹시 내가 말을 걸어서 싫어하게 되면 어쩌지?', '나를 이상하게 보면 어쩌지?' 하는 고민들 때문에 다가서지 못하는 거야. 아무것도 하지 않으면 최소한 실패나 상처는 없을 거라고 생각하고 말이야.

이렇게 감정적인 상처를 최소화하기 위해 스스로를 보호하려는 생각이나 행동을 '방어기제'라고 해. '아무것도 하지 않을래. 난 잘 모르겠어.'와 같은 태도는 스스로를 지키려는 마음에서 나온 행동인 거야. 스트레스의 원인이 되는 것을 직면하기보다 외면하려는 방어기제, 이게 바로 '회피'야. 하지만 아무 일도 생기지 않을 거라는 건 바람일 뿐이야. 오히려 이런 마음은 계속해서 우리에게 영향력을 발휘해. 우울하고, 무기력한 모습으로 말이야.

우리 삶에 잘못과 실패, 상처가 과연 나쁘기만 할까? 만약 이런 질문을 던졌다면 이제는 피하는 것을 멈출 준비가 되었어. 한쪽이 아닌 다른 면을 볼 수 있다면 회피하려는 마음이 하는 말을 들을 수 있을 테니까. 알고 있겠지만, 살아가면서 실패하지 않고 잘못하지 않는 삶을 살 수 없어. 그리고 그 실패와 잘못을 통해 성장하고, 또 배워 나가니까.

그러기 위해서는 우리에게 용기가 필요해. 용기라고 해서 거창한 게 아니야. 회피하려는 내 마음을 다잡고, 내 진짜 문제를 바라보는 것도 용기가 필요한 행동이지. 새로운 친구를 사귀는 일은 '실패'를 염두에 두어야 하는 일이야. 모든 사람들이 나를 좋아할 수는 없으니까 말이야. 하지만 실패가 두려워서 아무것도 하지 않는다면 새로운 만남은 더더욱 어려워질 거야. 또 내가 누군가를 피하는 순간, 상대방도 피하기 마련이니까. 그러니까 실패를 두려워하는 마음에 시원하게 한마디 해주면 어때?

"세상에 사람이 너뿐이냐?
네가 싫으면 나도 싫다 뭐, 흥, 칫, 뿡!"

실패가 두려운 건 사실이지만 회피하려는 마음의 반대편에는 새로운 만남에 대한 바람도 있다는 걸 알아준다면 조금 더 용기를 낼수 있을 거야. 피하고픈 마음이 진짜 원하는 건 새로운 친구를 사귀고픈 마음일 테니까 말이야.

아폴론의 월계수는 사랑을 강요했던 자신의 잘못을 잊지 않기 위한 다짐이었을지 몰라. 하지만 우리에겐 지나고 난 뒤의 다짐이 아닌 지금 바로, 여기에서 낼 용기가 필요해. 문제를 피하지 않고 마주하려는 용기 말이야. 만약 그 용기를 낼 수 있다면 피하고 싶은 문제가 우리에게 하고 싶은 말을 들을 수 있을 거야. 마음이 진짜 원하는 거 말이야!

마음이
걸어오는
말
한 마디

나는 살아오면서 실패에 실패를 거듭했다.
그것이 내가 성공한 이유다.

_ 마이클 조던

오늘날에는 '농구의 신'이라 불리는 마이클 조던도
고등학교 농구부에서 탈락한 적이 있어.
그는 신이 아니었고
그저 농구를 하는 인간이었던 거지.
하지만 그는 이 실패에 맞선 용기 있는 인간이었고
그 덕분에 오늘날 농구의 신이 될 수 있었던 게
아닐까?

그냥 건너뛰는
감정 따위는 없어

#슬픔

    기말고사가 끝나고 나는 본격적으로 할머니의 찻집에서 아르바이트를 시작했다. 내 생애 첫 알바를 이렇게 쉽게 시작하다니 신기하기만 했다.

    하지만 나는 알바를 하게 됐다고 아빠에게 말하진 않았다. 아빠를 신경 쓰게 하고 싶지 않았다. 그냥 도서관에 간다고 하면 그만이었다. 어차피 더 묻지도 않을 테니까.

    오늘도 학교를 마치고 가방을 멘 채 할머니의 찻집으로 향했다.

    딸랑.

    종소리가 맑게 울렸다.

    "할머니, 안녕하세요?"

    "왔니?"

"네. 곧 비 올 것 같아요."

"그래. 그럴 것 같구나."

할머니는 오늘따라 좀 달라 보였다. 여느 때처럼 미소를 지으며 말씀하셨지만 어딘지 모르게 기운이 없어 보인달까? 나는 가만히 가방을 내려놓고 앞치마를 둘렀다.

"할머니, 어디 아프세요? 오늘 제가 정리까지 하고 가도 돼요. 좀 쉬세요."

할머니는 가만히 고개를 흔들 뿐 아무 대답이 없었다. 그때 하루 종일 까무룩 하던 하늘에서 비가 쏟아졌다. 후두둑 소리를 내며 빗 방울이 유리창에 부딪혔다.

나는 주방으로 건너와 휴대폰과 블루투스를 연결했다. 이런 날씨에는 들어야 하는 노래가 있었다. 그리고 오늘은 어쩐지 할머니와 이 노래를 함께 듣고 싶었다.

피아노 소리가 카페 안을 채웠고 나는 개수대에 쌓여 있던 컵을 닦았다. 테라스에 있던 루아가 살짝 열어 둔 문틈으로 들어와 할머니의 무릎에 올라와 앉았다.

냐옹.

루아의 길쭉한 눈동자가 더 반짝이는 듯했다. 할머니는 혼잣말처럼 고양이 등을 쓰다듬으며 말했다.

"위로해 주는 거니?"

할머니의 품으로 파고든 루아는 그저 가만히 눈을 껌벅이며 그르렁댔다. 얼마 지나지 않아 음악이 끝나자 할머니가 말했다.

"아름아, 그 노래 한 번 더 들을까?"

"네."

나는 작은 목소리로 답했고 플레이 버튼을 한 번 더 눌렀다. 할머니 옆 의자에 앉아 나도 음악을 들었다. 비는 하염없이 세상을 적시고 있었다.

비가 오면 나는 엄마 생각이 난다. 엄마는 비가 오는 날을 좋아했었다.

그때 곡이 썩 마음에 드셨는지 할머니가 물었다.

"이 노래의 제목이 뭐니?"

"'인생의 회전목마'예요. 비 오는 날에 자주 듣는 노래예요. 엄마가 살아 계셨을 때……."

나는 여기까지 말하고 말을 삼켰다. 엄마 얘기를 남에게 한 적은 아직 없다. 엄마라는 말만 꺼냈는데도 순간 눈물이 날 것 같아서 말을 멈추었다.

나는 무언가 생각났다는 듯이 급히 일어나 주방으로 갔다. 괜히 씻었던 컵을 다시 씻었다. 감정을 추스르고 자리로 돌아오니 할머니는 부드러운 미소로 나를 보았다. 할머니는 천천히 루아의 등을 쓰다듬으며 말했다.

"아름아, 나한테도 손녀가 한 명 있었어. 살아 있었다면 너랑 같은 나이지. 내가 루아 옆에 있는 너를 처음 봤을 때 꼭 우리 손녀가 살아온 줄 알았어. 그런 마음에 네가 당황할 줄 알면서도 알바 얘기도 꺼냈고 말이야. 그 아이는 어렸을 때부터 많이 아팠는데 열두 살이 되던 해에 하늘나라로 떠났단다. 그날도 이렇게 비가 많이 내렸지. 그래서 비가 오면 부쩍 그 아이 생각이 나. 시간이 흘렀는데도 여전히 슬프구나."

나는 할머니의 말에 아무런 말도 보탤 수가 없었다. 사랑하는 사람을 떠나 보내는 일이 얼마나 힘든 일인지 나도 잘 안다. 가슴을 누군가 꽉 누르는 느낌이 들었다. 그러다 문득 할머니가 만들어 놓은 차 중에서 오렌지자몽청이 생각났다.

나는 자리에서 일어나 오렌지자몽청을 꺼내러 갔다. 오렌지자몽청이 든 유리병 앞에는 '마음껏 슬퍼하도록'이라고 적혀 있었다. '마음껏 슬퍼하도록'이라니, 슬픔은 잊거나 참으라고만 했는데. 슬픈 것도 마음껏 하라는 말이 신기해 기억해 두었는데, 지금 이 순간에 이 차가 생각이 났다.

뚜껑을 열자 오렌지자몽의 상큼하고 달달한 향이 코끝을 자극했다. 비 온 뒤 하늘에 뜨는 무지개처럼 기분이 화사해졌다. 어둑한 실내에 환한 빛이 드는 것만 같은 기분이었다.

나는 할머니를 위해 이 차를 타기로 마음먹었다.

"할머니, 차 한 잔 하세요."

나는 따뜻한 물에 오렌지자몽청을 탄 찻잔을 할머니께 드렸다.

"고맙다. 아름아, 너도 여기 있으렴."

할머니가 창가 테이블 옆의 의자를 가리켰다.

"네."

할머니 옆 의자에 나란히 앉아서 창밖을 보았다. 마치 영화 스크린을 보는 것처럼 창밖을 바라보고 있으려니 누군가와 함께 비 오는 풍경을 보는 일이 꽤 기분에 괜찮다는 걸 깨달았다.

"이 노래의 제목이 '인생의 회전목마'라고?"

"네."

한 시간 연속 재생으로 틀어 놓은 음악에 할머니가 다시 물었다.

"정말 회전목마를 타고 있는 것처럼 오르락내리락하는구나. 인생의 회전목마라……."

신기했다. 엄마도 예전에 이 노래를 듣고 있으면 정말 회전목마에 탄 것 같다고 했었는데.

"할머니."

나는 고백하기로 결심했다.

"응?"

"저, 저도 엄마를 교통사고로 잃었어요. 3년 전이에요. 제가 막 중학교 1학년이 되었을 때예요. 엄마는……."

나는 여기까지 겨우 말했다. 목이 잠겼고 눈가가 뜨거워졌다. 내 손 위에 할머니의 손이 포개졌다.

"아름이도 참 많이 힘들었겠구나. 괜찮아. 마음껏 슬퍼해도 된다."

슬퍼해도 괜찮다니. 처음으로 들어 보는 말 같았다. 엄마가 돌아가시고 나서 나는 한동안 그 사실이 실감 나지 않았다. 하얀 국화와 함께 놓인 것이 엄마 사진이라는 게 거짓말 같았다. 지금이라도 당장 엄마가 문을 열고 들어올 것만 같았다.

나만 빼고 모두 슬퍼하던 어른들은 내 등을 쓰다듬으며 말했다.

'그래도 잘 버텨서 다행이다.'
'기특하다.'

나더러 초등학교 3학년이던 내 동생을 잘 보살피라고 했다. 아빠가 나보다도 더 정신이 나간 사람처럼 보여서 그랬을지도 모른다.

모든 게 내 잘못인 것만 같았다. 끝이 보이지 않는 긴 터널이 눈앞에 있었다. 여기를 통과해야 하는데 같이 가줄 사람이 없어 숨이 턱 막힌 기분으로 살았다.

나도 엄마를 만나러 가고 싶다는 생각을 이따금 했었다. 그때 즈음 루아를 만났다. 그리고 이 찻집과 할머니도. 그런데 할머니도 나와 같은 슬픔이 있었다니.

그동안 꾹꾹 눌러 왔던, 보이지 않으려고 숨겨 왔던 눈물이 와르르 쏟아졌다. 할머니의 손이 내 등을 토닥거렸다.

얼마나 울었는지 모르겠다. 그 사이에 비가 그쳤고 따뜻했던 차는 다 식어 버렸다.

"할머니, 죄송해요."

"뭐가 말이야?"

"눈물이 저도 모르게 나왔어요. 안 울려고 노력했는데…….."

나는 또 나오려고 하는 눈물을 애써 참으며 말했다. 할머니가 휴지를 건넸다.

"참지 마. 충분히 슬퍼해도 괜찮아. 나는 지금도 그 아이를 생각하면 슬프단다. 원래 슬픔은 오래도록 지워지지 않는 거야."

"원래 그렇다고요?"

"그럼. 어떤 감정보다 슬픈 감정은 오랫동안 남아. 충분히 슬퍼하지 않을수록 더욱 그렇지. 사람들이 슬픔을 참으려고 하는 건 슬퍼하는 걸 나약하다고 여기기 때문이야. 슬퍼하는 것과 나약한 것이 전혀 다른데도 말이다."

나는 말없이 고개를 끄덕였다. 엄마가 돌아가시고 나서 기운이 없는 아빠를 보며 몇몇 어른들은 혀를 찼다. 아빠가 저렇게 약해서 아이들을 어떻게 혼자 돌보냐면서.

"사람들은 슬픔을 감추면 자신이 강하다고 생각해. 하지만 슬픈 티를 안 낸다고 내가 강한 건 절대 아니란다. 오히려 억눌린 슬픔 때문에 더욱 힘들어지지. 그건 슬퍼서 힘든 게 아니라 슬픔을 억지로 참았기 때문에 힘든 거야."

"슬픔을 억지로 참았기 때문에 힘든 거라고요?"

"그래. 충분히 슬퍼해도 된단다. 내 감정이 원하는 것, 내 감정이 말하는 것을 있는 그대로 인정하고 내보여도 괜찮아. 슬퍼하지 않는 사람이 어디 있겠니? 무언가를 잃지 않거나, 무언가를 후회하지 않는 인간은 없단다. 슬픔은 약한 게 아니야. 인간이기에 느끼는 자연스러운 감정이지. 그 슬픔을 충분히, 마음껏 누리고 난 다음에는 비로소 그 슬픔에서 자유로울 수 있게 돼."

"……마음껏 슬픔을 누리고 난 다음에."

비로소 슬픔에서 자유로울 수 있게 된다. 나는 천천히 그 말을 읊조렸다.

마치 내 앞에서는 슬픈 척을 하면 안 되는 사람처럼 굴다가 표정이 딱딱하게 굳어 버린 아빠가 떠올랐다. 웃는 아빠, 슬퍼하는 아빠, 화난 아빠, 모두 아주 오래전 기억처럼 아득하게 느껴졌다. 아마도, 아니 당연히 아빠도 나처럼 충분히 슬퍼할 시간이 없었을 것이다.

"슬픔 안에는 다양한 것들이 들어 있단다. 상실감, 후회, 미안함. 그런 감정들을 모른 척하는 게 좋은 건 아니야. 그 마음들은 우리에게 말을 건네고 있는 거거든. 내가 지금 슬프다면 두려워하지 말고 충분히 슬퍼해도 된단다. 내가 무엇을 잃어버리고 슬픈지 생각해보렴. 그림 내가 정말 원하는 게 무엇인지 알 수 있으니까."

순간 나는 동생과 아빠의 얼굴이 보고 싶었다. 나와 함께, 나처럼, 나만큼 슬퍼했을, 남아 있는 내 가족이었다.

슬퍼하는 걸
두려워하지 마

오렌지지-몽 차

오렌지와 자몽은 모두 운향과에 속하는 과일나무의 열매들이야. 이들은 서로 비슷해 보이지만 다른 맛이지. 달콤하고 쌉싸래하면서도, 신맛. 이 맛들이 슬픔과 닮은 점이 있다면 바로 여러 가지가 담겨 있다는 점이야. 좋았던, 아쉬웠던, 후회되는 여러 마음들과 더불어서 찾아오는 게 슬픔이거든. 누군가를 사랑했던 시절, 어렸을 때 행복했던 시간들을 떠올리며 다시 돌아갈 수 없다고 느낄 때도 우리는 슬프다고 할 수 있어.

하지만 이때의 슬픔은 따뜻한 기억과 함께하는 슬픔일 거야. 혹은 책을 읽으면서 영화를 보면서도 음악을 들으면서도 슬프다고 느낄 수 있어. 그래서인지 슬픔을 표현하는 다른 말들도 많아. 슬픔의 강도에 따라 서글프다, 서럽다, 애석하다, 비통하다 등등으로 말이야.

우리가 흔히 '슬픔'과 함께 떠올리는 영어 표현은 'sad'지만 'grief'라는 단어 역시 슬프다는 표현에 쓰이는 말이야. 이 말의 어원은 '무겁다'라는 뜻을 가진 중세 영어 'gref'야. 슬픔이 무겁다니, 무슨 뜻이었을까?

셰익스피어의 4대 비극으로 잘 알려진 『리어 왕』을 통해 그 의미를 살짝 볼까? 리어는 브리튼 왕국의 왕이었지만 자신의 어리석음으로 사랑하는 세 딸과 왕국을 모두 잃는 비극의 주인공이야. 숨이 끊긴 막내딸 코델리아를 안은 왕의 괴로운 외침은 다시는 과거로 돌아갈 수 없는 슬픔의 몸짓이라 할 만해. 물론 모든 슬픔이 죽음과 연결되어야 하는 것은 아니지만 죽음은 슬픔의 모습과 무게를 단적으로 보여 주는 예가 될 수 있어.

특히 죽은 이를 보내는 장례의 문화 속에는 이런 무게감이 더 잘 녹아 있어. 우리의 장례 문화 속에는 상주를 포함해 가족들은 전과 같이 입을 수도, 말할 수도, 웃을 수도 없어. 가족을 잃은 거대한 슬픔에 눌려 다른 감정을 사라진 것처럼 행동해야 했지. 또 슬픔의 무게에는 소중한 이를 잃은 상실과 함께, 타인의 시선도 함께 짊어지는 무거움도 들어 있어. '가족을 잃은 사람'을 향한 시선이 오랫동안 이어지고, 그것으로부터 자유로울 수 없을 테니까 말이야. 사람에 따라, 상황에 따라 다르겠지만 '견뎌야 한다, 참아야 한다'고 슬픔을 표현하는 것은 슬픔 그 자체가 아니라 슬픔이 주는 이런 무거움 때문일지도 몰라.

슬픔의 경제학?

우리는 슬픔을 왜 그대로 못 보는 걸까?

슬픔을 직접 겪고 있는 사람과, 슬픔을 겪고 있는 사람을 보는 제 3자의 태도는 매우 달라. '남의 염병이 내 고뿔만 못하다'라는 속담처럼 사람들은 대체로 타인의 슬픔에 둔감하지. 그래서 쉽게 "이제 그만 슬퍼해라", "그만하면 되었다"와 같은 말을 건네기도 해.

급기야 슬픔은 경제적이지 못하다는 생각까지 하기도 해. 슬퍼하는 동안 사람들은 울적해지고 활기를 잃어. 그래서 평소보다 일을 하지도 않고, 돈을 쓰지도 않아. 그 결과, 흔히 말하는 경제 활동이 둔화되지.

사람의 감정을 경제적으로 환산하는 사회라니. 뭔가 좀 쓸쓸하기도 해. 그럼에도 우리 사회는 슬픔이 오래도록 지속되는 걸 원하지 않는다는 거야. "산 사람은 살아야 하지 않겠느냐?"와 같은 말은 슬픔을 잊으라는 뜻도 있겠지만 어서 슬픔을 끝내고 원래의 일상으로 돌아와 일하고 소비하라는 뜻이 될 수도 있어.

많은 사람들이 슬픔을 서둘러 묻어 두려는 이유는 또 있어. 우리 사회, 또 자기 주변의 사람들이 오랫동안 슬퍼하는 걸 잘 참아 내지 못하기 때문이야. 2014년 4월 16일, 바다에 많은 사람들을 태운 배 한 척이 가라앉았지. 세월호 참사는 전 국민에게 커다란 충격, 슬픔을 안겨 주었어. 사람들은 한동안 정신을 차릴 수 없었지.

그런데 믿을 수 없게도 이 참사를 거론할 때면 "지겹다"라는 말도 등장했어. "지겹다. 언제까지 그 이야기를 할 거냐?"와 같은 논조로 이 일을 꺼내는 사람들에게 핀잔을 주었지. 슬픔의 유통 기한이라도 있는 걸까? 왜 그렇게 빨리 잊기를 바라는 걸까? 심지어 많은 생명을 앗아간 충격적인 사건인데도, 사람들은 그 슬픔을 길게 (누구의 기준으로 길게인지는 모르겠지만) 지켜봐 주지 않았던 거야.

세월호 참사와 같이 사회가 함께 겪는 슬픔에도 야박한데 개인적으로 겪는 슬픔을 이해받기란 무척 어렵겠지? 심지어 어떤 사람들은 도무지 그게 왜 슬픈지 이해할 수 없다고 함부로 그 사람의 상태를 평가하기도 해. 사람에 따라 소중한 것들은 다를 수도 있는데 말이야. 그렇다고 사람들의 이해나 허락을 받아 가면서 슬퍼할 수는 없는 노릇이야. 그래서 우리는 다른 사람이 이해할 수 없는 슬픔을 느낄 수밖에 없지.

온전히 슬퍼할
시간이 필요해

슬픔을 느끼는 당사자들에게는 충분히 슬퍼하면서 그 슬픔에서 빠져나올 시간이 필요해. 상실, 이별 등을 받아들이고 슬픈 감정을 있는 그대로 수용하며 자연스럽게 내 감정으로 인식하는 과정이지. 이러한 감정의 과정을 '애도 심리'라고도 표현해.

애도는 부정, 분노, 타협, 우울, 수용의 단계를 거친다고 해. 이별, 슬픔을 막 맞닥뜨렸을 때의 충격으로 "이럴 수가! 그럴 리 없어!"라며 부정하다가 왜 나에게 이런 일이 생겼냐며 분노하게 되지. 그리고 차츰 "혹시라도."하는 마음에 타협의 여지를 찾아보지만 아무것도 할 수 없다는 것을 깨닫고는 우울해지지. 이 모든 단계를 거치고 나서야 비로소 상황을 받아들이게 돼. 이 애도의 시간은 결코 짧지 않아. 짧으면 오히려 탈이 나게 돼. 그리고 사람마다 이시간은 아주 다를 수 있지.

말장난처럼 들릴지도 모르겠지만 슬픔에서 벗어나려면 충분히 슬퍼해야만 해. 충분히 슬퍼해야 끝이 날 수 있어. 아니 끝이 아니라 슬픔을 조금씩 옅어지게 만들 수 있을 거야. 달라진 자신의 삶을 인정하고 혼자서 끙끙대던 슬픔의 무게를 다른 이들에게 털어놓을 필요도 있어. 혼자만 겪는 어려움이라는 생각에서 벗어날 필요도 있고, 집중할 수 있는 다른 일들을 해보는 것도 도움이 될 수 있을 거야. 아주 오랫동안 혹은 여러 가지 방법으로 동시에 노력해야 하는 일이지만 그래야 자신을 돌아보고 삶을 재정비할 수 있어. 슬픔은 상처 위에 올라온 딱지처럼 아물기 위해서 어쩔 수 없이 지나가야 할 과정인 거야. 이 과정이 있어야 나를 슬프게 한 것을 나의 일부이자 과거로 받아들이고 현재에 집중하며 살아갈 힘을 낼 수 있어. 슬픔은 나약한 것이 아니고, 억지로 견뎌야 하는 감정이 아니야. 잘 받아들여야 하는 감정인 거지.

슬픔을 느끼지 못하는 인간을 상상해 봐. 만약 슬픔이 나쁘기만 한 것이라면 슬픔을 느끼지 못하는 인간은 존경의 대상이 되어야 할 거야. 그런데 어때? 슬픔을 느끼지 못하다니, 고개가 막 저어지지 않아? 아마 슬픔이 없다면 자신의 삶을 되돌아보며 살아가지 못할 테고 타인의 슬픔에 공감하기란 불가능할 거야. 그런 사람들만 있는 세상이라니! 정말 상상하고 싶지 않다.

신형철 평론가는 '슬픔은 인간이 배울 만한 가장 소중한 것이자 인간이 배우기 가장 어려운 것'이라고 했어. 이때의 슬픔이 나의 것을 뛰어넘은 타인의 슬픔이겠지. 아무리 노력해도 다가설 수 없는 타인의 슬픔을 알고자 할 때 더 이상 "그만 슬퍼해."와 같은 말을 하지 않고 슬픔을 슬픔으로 인정하고 기다려 줄 수 있는 좀 더 따뜻한 세상이 되지 않을까?

마음이
걸어오는
말
한 마디

다른 편으로 가는 유일한 길은
통과하는 것뿐이다.

_헬렌 켈러

슬픔이든 그 무엇이든
싫다고 건너뛸 수 있는 감정은 없어.
GO!

그것이 가장 빠른 길이자
유일한 길이란다.

누구도 알아채지 못하는
나만 아는 시한폭탄

#불안

　여러 개로 뻗어 있던 길은 찻집으로 올라가는 언덕에서 하나로 합쳐진다. 반대로 보면 할머니 찻집에서 시작된 길이 여러 갈래로 나뉜다고도 할 수 있다. 어찌 되었든 가게로 오르는 길은 하나뿐이다. 그 하나뿐인 길 위에서 낯익은 뒷모습이 보였다.

　"쟤가 왜?"

　등을 전부 가리는 커다란 가방을 메고 야무지게 머리를 한 갈래로 묶은 아이가 언덕을 걸어 올라가고 있다. 지원이다. 누구나 칭찬하는 우리 반 모범생. 뭐든 다 잘하는 아이. 나처럼 존재감 없는 애조차 지원이와 말해 본 경험이 있으니 지원이의 인싸력은 대단했다.

　한번은 지원이와 같은 모둠이 된 적이 있다. 애들은 대부분 쉬는 시간에 엎드려 자는 나를 건드리지도 않는다. 하지만 지원이는 당연하다는 듯이 나를 깨웠다.

"일어나. 우리 같은 모둠이야."

맨 처음 나는 지원이가 나를 부르는지 알아채지 못했다. 다른 애들은 나를 "야."라고 부르는데, 지원이는 "우리"라고 말했기 때문이다. 내가 못 알아채자 지원이는 똑 부러지는 목소리로 "아름아."라고 부르며 다시 같은 모둠이라고 알려 줬다.

누군가 교실에서 내 이름을 불러 준 게 너무 오랜만이어서 나는 듣고도 얼떨떨했다. 지원이는 그런 나를 붙들고 지금 함께할 게 무엇인지 조목조목 설명해 주었다. 그리고 내가 할 일이 뭔지도 정확하게 알려 주었다.

당연히 수업 시간 내내 엎드려 있던 내가 그 몫을 제대로 할 리가 없었다. 어리바리한 나를 재촉하면서 내가 제 역할을 하도록 도와준 이 역시 지원이었다. 덕분에 나는 교실의 일원으로 무언가를 하는 경험을 오랜만에 해볼 수 있었다.

그날 이후로 내게 지원이에 대한 인상이 남아 있었나 보다. 교실에 있다 보면 원치 않게 듣는 말들이 많은데 그중 지원이에 대한 이야기들만은 잘 들렸다. 주로 "쟤는 좋겠다." 혹은 "대단해." 같은 말들이었다.

아무튼 지원이는 남부럽지 않은 가정 환경에 부모님의 사랑을 받으며 구김살 없이 자란 것 같았다. 공부는 물론 인간성마저 뛰어난

소위 말하는 엄친딸. 그게 지원이었다.

그런데 지금 내 앞을 걸어가는 지원이의 뒷모습은 이런 말들과는 거리가 있어 보였다. 평소의 에너지는 온데간데없고 할머니의 찻집을 찾는 사람들과 비슷했다. 어깨를 축 늘어뜨린 모습이 낯설어서 나는 차마 지원이를 부르지 못하고 가만가만 뒤를 따라 걸었다.

딸랑.

지원이가 가게 안으로 들어갔다. 진짜 우리 찻집으로 간 거였어? 어떻게 해야 하나 싶어서 망설이고 있는데 루아가 폴짝 뛰어왔다.

"루아야. 지금 들어간 애 우리 반이다."

내 앞에서 기지개를 켜는 루아를 쓰다듬다가 중얼거렸다.

"근데 여긴 어쩐 일이지?"

아무래도 지원이가 할머니를 만날 수 있게 자리를 비켜 주는 게 좋겠다는 생각이 들었다. 나는 루아를 안고 루아를 처음 만났던 골목으로 들어갔다. 벽에 등을 기대고 발로 돌멩이를 툭툭 차고 있으니, 새삼 여기를 한동안 오지 않았다는 걸 깨달았다.

금세 신경은 찻집 안으로 향했다. 지원이가 무슨 일로 왔는지 궁금했다.

"걱정 같은 건 없어 보였는데, 무슨 일일까?"

나는 바닥에 앉은 루아의 턱을 긁어 주거나 뒷머리를 쓰다듬어 주었다. 루아랑 놀다가 금세 또 지원이가 떠올랐다.

결국 나는 신경 쓰지 않기 위해 가방에서 책을 꺼냈다.

『모비딕』. 한참 재미있게 읽고 있는 책이다. 향유고래를 잡으려는 미친 선장과 그 모험에서 살아남은 이슈마엘의 이야기.

우리가 바다가 낭만적이라고 생각하는 건 파도가 부서지는 모래사장에 있기 때문일 거다. 불빛마저 사라진 깜깜한 밤바다에서 별을 보며 항해하는 뱃사람들은 어땠을까. 바다는 두려움과 경외의 대상이지 않았을까? 그러다 불쑥 솟아오른 물기둥을 보면 내일 아침 해를 못 볼지도 모른다는 공포를 느꼈을 것이다.

한참 상상을 하며 책을 읽고 있었을 때였다.

딸랑.

"어, 뭐야? 정말이잖아."

대뜸 들려오는 목소리에 나는 깜짝 놀라 고개를 들었다. 지원이가 서 있었다.

"너 왜 여기 있어? 나 따라 온 거야?"

"아. 아니거든!"

나도 모르게 목소리가 커졌다. 오해를 살 것 같아서 얼른 말을 덧붙였다.

"나 여기서 알바해."

"알바?"

지원이의 눈이 휘둥그레진다.

"응. 정말이야."

"그럼 여기서 뭐하고 있어? 들어오면 되지."

"그아……."

나는 말을 얼버무렸다. 마땅한 해명이 생각나지 않아 그냥 말해 버렸다.

"너도 하고 싶은 이야기가 있어서 여기 온 거 아니야?"

"……."

지원이가 입을 다물었다. 잠시 어색한 침묵이 감돌았다. 지원이는 바람 빠진 풍선에서 공기가 새듯 웃었다.

"진짜였네. 할머니가 나한테 네가 못 들어오고 있을 거라고 하시잖아. 그래서 나와 봤어."

"어, 어."

내가 머뭇거리자 지원이가 예의 명쾌한 목소리로 말했다.

"들어가자."

내가 들어가도 되려나. 잠시 고민했지만 나는 지원이를 따라서 찻집으로 들어갔다.

"아름이 왔니?"

"네."

나는 쭈뼛거리면서 주방으로 들어가 앞치마를 둘렀다.

"아름아. 오늘은 딸기 라떼가 좋겠구나. '아무래도 괜찮은 딸기청'을 꺼내렴."

나는 '아무래도 괜찮은'이라고 적힌 병을 꺼냈다. 뚜껑을 열자마자 달콤한 향에 번졌다.

며칠 전 할머니와 딸기청을 만든 날이 떠올랐다. 나는 그날 처음으로 딸기청을 만들어 보았다. 할머니와 함께 딸기 한 광주리를 씻고, 꼭지를 따고 반으로 잘라 유리병에 담았다. 그리고 설탕을 병에 가득 부었다. 만드는 과정이 간단하면서도 재미있었다.

"근데 정말 이 딸기들 울퉁불퉁하네요."

"그렇지? 그런데 모양은 이렇게 제각각이어도 아주 달콤해. 맛에는 아무 영향을 주지 않지."

나는 그래서 딸기청 이름이 '아무래도 괜찮은'이 아닌가 싶었다. 맛이 아주 훌륭하니 모양 따위는 아무래도 괜찮다는 뜻이 아닐까?

딸기청을 유리컵에 덜며 지원이를 생각했다. 이 딸기청 이름이랑 지원이는 어쩐지 어울리지 않았다. 지원이는 '아무래도'가 아니고 '무얼 해도 괜찮은'이란 이름이 더 어울리는 아이니까.

우유를 넣으니 보기에도 예쁜 생딸기 라떼가 완성되었다.

"이거 나랑 할머니가 같이 만든 거야. 맛있게 먹어."

내가 딸기 라떼를 지원이에게 건네며 말했다. 그러자 지원이가 자기 옆자리를 가리켰다.

"너도 여기 앉아."

"어? 아니, 괜찮아. 너 할머니랑 얘기해야지."

그러자 이번에는 할머니가 지원이에게 말했다.

"지원아, 네 고민을 아름이랑 나눠 보는 건 어떠니?"

"아름이랑요?"

지원이가 어색한 표정을 지었다. 하기야 내가 지원이와 고민을 나눌 사이까지는 아니다.

할머니는 고개를 끄덕이며 나를 바라보았다. 내 의견을 묻는 눈빛이어서 나는 두서없이 말을 꺼냈다.

"아, 그냥 너 편한 대로 해도 돼. 네가 어떻게 여기에 온 건지는 모르지만 그동안 찻집을 온 사람들을 생각해 보면…… 아마 너도 마음이 힘들기 때문이겠지? 그러니까……. 음, 그런 마음을 나눌 사람이 필요하면……. 에이, 아무래도 아닌 것 같아. 할머니, 저 그냥 일어날게요. 지원이가 괜히 부담될 수도."

점점 횡설수설하고 있다는 생각이 들 때였다.

"알았어, 그럼. 너도 들어 줘."

지원이가 일어서려는 내 소매를 잡아당기며 말했다.

"정말? 그래도 돼?"

내가 얼떨떨한 얼굴로 묻자 지원이는 씨익 웃었다.

"응. 괜찮을 것 같아."

나는 다시 자리에 앉았고 지원이는 한숨을 내쉬더니 이야기를 시작했다.

"아름아, 사실 나는 요즘 되게 불안해. 갑자기 얼어붙는 기분이 들기도 하고 실제로도 굳어 있어. 이런 얘기하면 다들 안 믿거나, 속으로 엄살 부린다고 욕할지도 몰라. 아마 너도 그럴지 모르지. '갑자기 웬 불안?' 이러면서 말이야. 안 그래?"

지원이가 나를 보며 물었다. 나는 솔직히 고개를 끄덕였어.

"음. 솔직히 네가 불안해한다는 건 처음 알았어. 좀……."

"좀?"

"너하고는 잘 안 어울리는 감정 같기도 하고……."

지원이는 그럴 줄 알았다는 듯 웃었다.

"그럴 거야. 왜냐면, 내가 정말 티를 안 내려고 노력하고 있거든. 온 힘을 다해."

"정말?"

"응."

지원이는 힘없이 웃었다.

"근데 나는 정말이야. 자려고 누우면 내가 공부를 그만하고 벌써 자도 되나 싶고, 시험 기간이면 밥도 잘 안 넘어가. 근데 더 웃긴 건 뭔 줄 알아? 무엇 때문에 그러는 건지도 잘 모르겠다는 거야. 모든 걸 다 잘해야 하는 게 싫은 건지. 싫으면 그만하면 되는데 그것도 용납하기 어렵거든? 이런 내가 싫은 건지. 그리고 무엇보다 힘든 건."

지원이는 잠시 숨을 골랐다.

"이 감정을 티 낼 수도 없는 거야. 친구들은 너 정도만 해도 좋겠다면서 배부른 소리 한다고 말하겠지. 우리 엄마랑 아빠는 내가 늘 자랑이라고 하시는데. 이런 소리를 하면 아마 가족 상담 같은 거 하자고 하실 거야. 그냥 내버려 두면 좋겠는데……. 결국 난 아무 말도 못하고 늘 온 힘을 다해 이 불안한 마음을 감춰. 그런데 이제는 정말 못하겠어."

지원이의 말이 끝났다. 내 머릿속은 지원이의 마음을 공감해 줄, 뭔가 근사한 말을 열심히 찾고 있었지만 좀처럼 떠오르지 않았다. 결국 내 입에서 나온 말은 아주 평범한 말이었다.

"몰랐어. 정말. 너도 힘든 게 있구나."

나 지금 뭐라는 거지?

속으로 이런 생각을 하고 있는데, 지원이는 황당해하지도 않고 그저 나만 가만히 보았다.

그때 우리 둘을 바라보던 할머니가 말했다.

"지원이가 이미 답을 알고 있네."

"답이요?"

"그래. 방금 그렇게 말했잖니. 그냥 내버려 두면 좋겠다고."

지원이는 더듬더듬 대꾸했다.

"그, 그렇게 말했나요?"

"그랬단다. 그런데, 지원아. 넌 한 번이라도 그래 본 적이 있니?"

할머니가 묻자 지원이는 곰곰 생각하다 대꾸했다.

"아니요."

"그래. 스스로도 그냥 내버려 둔 적 없잖아. 네가 마시는 그 딸기 라떼 이름이 뭐냐면. '아무래도 괜찮은'이란다. 아무래도 괜찮다고. 잘하든, 못하든 아무래도 괜찮은 시기. 그게 바로 너희 때란다."

할머니의 말에 나와 지원이는 서로를 어리둥절한 얼굴로 바라보았다. 우리 때? 우리 때야말로 엄청나게 열심히 하고 잘해야 하는 시기 아닌가? 좋은 대학에 들어가기 위해.

"음, 너희는 청소년이잖니. 역사적으로 따지면 청소년이라는 개념이 생긴 지 200년 정도밖에 되지 않았단다. 그전에는 그런 개념도 없었어."

"네? 정말요?"

지원이가 궁금하다는 듯 눈을 반짝반짝 빛내며 물었다. 나는 피식 웃었다. 불안해서 힘들다고 말하면서도 호기심에 눈을 반짝이는 모습이 지원이다웠다.

"예전에 농사를 짓고 먹고살던 사회를 생각해 볼까? 그때는 남자든 여자든 몸을 움직일 수 있는 나이가 되면 농사를 짓고 가축을 돌봤어. 너희 나이에 결혼해 아이를 낳고 살았지. 그렇게 청소년의 삶이 없던 시간이 훨씬 길었단다. 사회 시간에 배웠지? 18세기에

영국에서 산업 혁명이 일어났다고. 그래서 도시가 커지고, 사람들이 도시에 살면서 많은 것을 배워야 했어. 학교라는 것도 만들어졌지. 공장이나 사무실에서 일하려면 일정한 지식을 배워야 했거든. 그래서 만들어진 개념이 청소년이란다. 아이도 아니고 어른도 아닌 시기. 몸은 어른이 되어 가지만 아직 사회에 활동하지는 않는……. 뭐 그런 어정쩡한 시간이지. 책임과 의무도 모호하고 이렇다 할 권리도 없는 시간이지. 과거에는 아이, 어른, 노인 이렇게 있었다면 청소년은 아이와 어른 사이에 생긴 개념 정도라고 할 수 있겠다."

할머니의 긴 설명을 듣자마자 나는 엄지손가락을 추켜올렸다.

"우아! 할머니, 대단하세요! 어떻게 이런 걸 다 아세요?"

지원이가 내 말에 동의한다는 듯 고개를 끄덕이다가 곧 할머니에 물었다.

"근데, 그거랑 제 맘이랑 무슨 상관이 있어요?"

"왜 상관이 없겠니? 지금 네가 보내는 시간 자체가 모호하고 불안한 시간인데. 네가 불안을 느끼는 건 당연한 거 아닐까?"

할머니의 이야기가 썩 마음에 들지 않는지 지원이의 미간이 구겨졌다.

"그럼 어쩔 수 없다는 거예요?"

"음, 혹시 이 불안한 마음을 어떻게든 다잡아 보려고 노력해 본 적 있니?"

지원이는 당연하다는 듯 고개를 끄덕였다.

"어땠어?"

"잘 안 됐어요. 그러니까 여기에 왔지요."

"맞아. 불안은 통제하려고 할수록 오히려 더 활개를 치지. 어떻게든 불안을 없애 보려고 이렇게도 해보고 저렇게도 해보는데, 오히려 그 마음의 바닥에는 불안이 더 짙게 깔려 있는 거야."

할머니의 말을 듣고 지원이가 힘 빠진 목소리로 말했다.

"아. 결국에는 답이 없다는 거 아니에요?"

"그건 아니지."

나도 모르게 불쑥 끼어들었다. 지원이는 다소 공격적인 어투로 물었다.

"뭐가 아닌데?"

'내가 뭘 알아?'라고 묻는 것 같아 나는 어깨를 움츠렸다.

"그, 그러니까 내 말은. 답이 없는 게 아니라 어쩔 수 없다는 게 답이라고. '정답 없음'이 정답인 문제처럼 말이야. 그리고……"

순간, 나는 이 이야기까지 해도 될까 고민되었다. 나는 내 앞에 놓인 '아무래도 괜찮은 딸기 라떼'를 한 모금 꿀꺽하고 마셨다. 이름 덕분인가? 정말 '아무렴 어때?' 하는 마음이 들었다.

"왜 다른 사람들이 이해할 수 없다고 생각해? 너만 불안한 건 아니야. 아니 누구나 불안하지 않을까? 저마다 이유는 조금 다를 수 있지만…… 사실 나도 불안해."

"……."

"……."

"너도 불안하다고?"

지원이가 되물었고 나는 고개를 끄덕였다.

"응. 나도 불안해."

처음으로 속마음을 지원이에게 꺼냈다. 지원이는 가만히 손에 든 딸기 라떼를 바라보았다. 그리고 나서 방금 나처럼 한 모금 마셨다. 어째서인지 알 수는 없지만, 지원이의 얼굴을 보고 나는 문득 그것이 떠올랐다.

고래를 잡으러 떠나는 뱃사공들의 모습이. 불안함을 담담하게 받아들이며 당당하게 바다를 바라보는 그들의 표정이 떠올랐다.

그냥
아무래도 괜찮은,

딸기 라떼

번지 점프는 절벽, 건물의 꼭대기, 다리와 같이 높은 곳에서 탄력이 좋은 줄 하나에 자신의 몸을 맡긴 채 허공으로 몸을 날리는 아찔한 스포츠야. 이 스포츠는 남태평양 펜테코스트 섬의 부족들이 성인식으로 치르던 의식에서 유래되었다고 해. 차이점이 있다면 성인식에서는 칡이나 나무 줄기처럼 탄력이 전혀 없는 줄을 발목에 묶고 뛰어내렸는데 오늘날에는 탄력 있는 줄과 여러 가지 안전 장비가 생겨났다는 것 정도야. 하지만 이 작은 차이가 우리에게 공포와 불안을 생각하게 해주기도 해.

오늘날 사람들이 번지 점프 성지라 불리는 곳들을 찾아가면서 '난 죽을지도 몰라'라고 염려하진 않아. 오히려 온몸에 흐르는 찌릿찌릿한 전기를 느끼며 스릴을 만끽하겠지. 안전장치가 자신을 지켜 줄 거라는 믿음이 있고 수많은 사람들의 경험들을 들으며 괜찮을 거라고 다독이는 거지. 또 결정적으로 너무 두렵다면 포기할 수 있는 선택권도 있기 때문이야.

하지만 성인식에 참여했을 펜테코스트 섬의 부족 어린이들은 좀 달랐을 거야. 성인식 행사의 거부권은 당연히 없었을 거고 발목에 감았던 나무나 칡의 줄기를 신뢰하기는 어려웠을 테니까 말이야.

번지 점프와 성인식은 누가 주도권을 잡고 있느냐의 차이를 보여 줘. 내가 스스로 선택하고 조절할 수 있는 것인지 아닌지 말이야. 불안과 공포의 차이도 이와 비슷해. 실존주의 철학자로 알려진 사르트르에 따르면 상황의 통제권을 가지고 있느냐의 여부가 불안과 공포를 만들어 낸대. 스스로 통제 가능하다면 불안, 그렇지 않다면 공포라는 거지. 만약 지금 불안을 느끼고 있다면 아직 이 상황을 스스로 조절할 수 있다는 뜻이야. 너에게 필요한 것은 그것을 조절하려는 자신감이지. "어이! 불안, 왔어?" 하면서 당당히 인사를 건네고 한 마디 더 해줘 봐. "넌 아직 내 손에 있어."라고 말이야.

이 불안은 온전히 나만의 것처럼 느껴지지만,

나 홀로 불안한 것은 아니야

삶은 선택의 연속이야. 무언가를 선택한다는 건 다른 것을 포기

하다는 의미도 돼. 그리고 선택하지 않은 것에는 언제나 미련이 남아. '제대로 선택한 게 맞을까?' 하는 불안은 매 순간 찾아오는 감정이지. 불안은 포기한 것들에서도 비롯되니까 말이지.

게다가 청소년 시기에는 상황을 스스로 조절할 기회도 적고, 무엇인가를 선택할 기회도 적어. 더군다나 어른들은 이 시기를 어떻게 보내는가에 따라 미래가 달라진다고 강조해. 선택에 중요성이 가중되지. 안 그래도 불안이 지글지글 끓고 있는데 거기에 기름을 붓는 격이야.

그런데 그거 아니? 그렇게 말하는 부모님, 어른들 역시 사실 불안해서 그렇게 말하고 있다는 걸. 혹시 우리 아이가 잘못(?)될 것을 염려해서 그런 말을 하는 거야. 어른이 되면, 내 선택을 책임질 수도 있고, 또 더 적극적으로 선택할 기회도 늘어날 것 같은데 그렇지 않아. 잘 들여다보면 어른들 역시 선택 앞에서 끊임없이 고민하고 또 불안해해. 왜 그럴까?

아마도 우리가 사는 시대가 내일을 예측하기가 어렵고 끊임없이 급변하고 있어서일 거야. 매체에서는 10년 후, 20년 후 사라질 직업에 대해 알려 줘. 미래 유망 직업은 수시로 바뀌지. 지금 내가 어떤 진로를 원하더라도, 어른이 되었을 때 그 진로가 남아 있을지 알지 못하는 사회에서 안정감을 느끼기란 쉽지 않아.

청소년 입장에서 보면 세상을 온전히 알아가기도 전에 사방에서 달라질 거라고 이야기하는 셈이야. 그리고 그건 어른들도 마찬가지 처지야. 지금 하는 일이 5년 후에도 있을지, 혹은 성공적일지 알 수 없어. 현재에 집중하기보다는 내일에 더 치중해서 고민해야 하지. 살아남기 위해서는 말이야. 이쯤 되면 불안이 사회 전체에 퍼져 있다고 해도 과언이 아니야. 그럼 이 불안은 우리에게 무슨 말을 하고 싶은 걸까?

위험을 알려 주는 신호등, 불안

아이러니하게도 이 불안을 느끼기 때문에 우리는 우리에게 있는 결핍이나 문제를 알게 돼. 우리가 괴로운 지점이 무엇인지 고민하게 만들지. 마치 지원이가 불안함이 커지자 사실 '뭐든 잘하는 김지원'이라는 이미지가 자신을 힘들게 했다는 걸 알게 된 것처럼.

불안을 느낄 수 없다면 우리는 같은 지점에서 늘 괴롭고 힘들게 될 거야. 불안해지면서 우리는 비로소 우리가 어떤 상태인지, 무엇때문에 힘든지를 알게 되는 거지. 그렇다면 이 불안을 이렇게 생각해 보면 어떨까? 우리를 취약하게 만드는 어떤 위험으로부터 나를 지키라고 보내 주는 마음의 신호라고 말이야.

초원에 사는 동물이 불안을 느끼지 못한다면 맹수에게 늘 잡아먹히고 말 거야. 위험한 상황을 감지하지 못하니까. 높은 난간에서 아슬아슬하다는 불안함을 느끼지 못한다면? 부주의하게 행동하다 떨어질 확률이 더 커지지 않을까? 불안은 우리에게 닥칠 위험을 미리 준비할 수 있게 해줘. 결과적으로는 불안 덕분에 우리가 위험에서 벗어날 수 있는 거지.

불안을 인정하되,
잠식되지는 말도록

우리가 사는 세상은 어때? 예측할 수 없는 세상, 있는 것이 사라질 수도 있는 세상. 맞아. 불확실한 상황이야. 이런 상황은 사람들에게 위험하다는 느낌을 주기에 충분해. 그러니 불안이 점점 팽배해질 수밖에 없겠지. 아무리 준비한다고 해도 인간의 삶은 예측하기 어려워. 즉 어떤 경우에도 불안은 우리를 찾아올 수 있다는 거지. 불안은 온전히 피할 수도, 혹은 완전히 없앨 수도 없는 존재야.

하지만 매번 불안이 두려워서 피하고 움츠려 들 수는 없어. 그랬다간 누에가 뽕잎을 갉아먹어 치우듯 불안이 우리 삶을 야금야금 먹어 버리고 말거야. 그럼 어떻게 해야 할까?

이 불안이라는 감정 자체를 너무 두려워하지 말고 이 감정 덕분에 무사히 지나가게 된 일들을 떠올려 보는 일부터 시작해 봐. 불안해서 시험을 더 열심히 준비한 덕분에 좋은 결과를 얻었던 경험, 차가 오는지를 살펴서 무사히 길을 건넜던 경험들도 괜찮아. 사소해 보이지만 이런 일들에도 불안의 마음은 작용하고 있어. 어때? 이 불안들 덕분에 우리가 조금 더 안전한 삶을 살아가고 있는 거 같지 않아? 그러니까 이 마음을 없애고 밀어내기보다는 '고마워, 네 덕분이야.'라고 인정하고 토닥여 주면 좋겠어. 그렇다면 이 마음이 더욱 힘을 내서 우리를 보살펴 줄 테니까 말이야.

덧붙여 레시피대로 따라 했음에도 똥 맛 요리가 탄생할 수 있는 것처럼 살아가는 일은 마음처럼 되지 않는 걸 인정하는 것도 중요해. 비록 똥 맛이 나는 요리가 탄생했어도 그 시도와 과정은 사라진 게 아니니까 말이야. 그러니까 네 선택을 믿고 도전하는 걸 주저하지 말아야 돼. 그리고 그 결과를 아무래도 괜찮다는, 최대한 유연한 자세로 받아들이는 게 중요하지. 아까도 말했지? 불안하다면 아직 선택권은 네 손에 있다는 거라고. 그리고 우리에게 필요한 것은 이 선택을 자신감 있게 받아들일 마음의 힘이야. '아무래도 나는 괜찮다!'라는 단단한 마음 말이지. 좀 어렵거나 실패해도 괜찮다는 태도. '아무래도 괜찮은'은 자신의 삶을 포기하는 게 아니라 삶을 적극적으로 도전하게 하는 마법인 셈이야. 아무렴 어때! 자신의 삶에 찾아오는 불안을 당당하게 만나 봐!

우리가 불안을 벗어날 수 없는 것은
확실하다.
바로 우리가 불안 그 자체이므로.

_ 장 폴 샤르트르

너무 불안해하지 말라는 말보다는
불안한 건 숨 쉬는 것과 마찬가지라고
말해 주자!

우리가 솔직하게
미안하다고 인정할 수 있다면

#죄책감

지원이와 이야기를 나눈 후 학교생활이 크게 달라졌다. 지원이는 엎드려 자는 나를 틈만 나면 깨워 댔다. 그 바람에 쉬는 시간에도 깨어 있을 때가 많아졌다. 좀 어색하지만 다른 아이들 틈에 끼여 급식도 먹기 시작했다.

아무래도 괜찮은 딸기라떼가 어떤 효과를 발휘했는지는 몰라도, 지원이는 나를 좀 가깝게 느끼는 것 같았다. 나 역시 아무래도 괜찮다는 마음으로 우리 반 아이들을 알아가는 중이다. 그러다 오늘은 한 선배까지 알게 되었다.

3학년은 우리보다 먼저 밥을 먹기 때문에 급식실에서 마주칠 일이 거의 없다. 그런데 웬일인지 선배로 보이는 네다섯 명이 1학년 급식 줄에 쓱 하고 끼어들었다. 때마침 급식 지도 선생님이 한 선배를 보고 알은척했다.

"한민우, 너 왜 지금 왔어?"

"아, 저희 농구 좀 하느라 늦었습니다."

"그럼 맨 뒤로 가야지. 1학년 틈에 끼면 어떡해?"

"네! 그럼 뒤로 가겠습니다!"

천연덕스러우면서 예의바른 목소리. 선생님의 꾸지람에도 전혀 기죽지 않은 것 같았다.

선배들은 줄에서 빠져나와 나와 지원이의 뒤로 섰다.

"안녕, 1학년? 오늘 급식 뭐야?"

그 한민우라는 선배는 마치 잘 알고 지내던 사람처럼 나에게 말을 건넸다.

"아? 네? 저, 저……."

내가 당황해서 버벅대자 다른 선배들이 키득거렸다. 원래 아는 사이냐는 둥, 1학년이 쫄았다는 둥 말소리가 들렸다.

"제육볶음, 백김치, 김, 소고기 무국, 아이스슈예요."

지원이가 대신 또랑또랑한 목소리로 급식 메뉴를 읊었다. 한민우라는 선배는 한숨을 쉬었다. 왜 그러는 거지? 민우 선배는 선생님한테 혼날 때보다 더 풀이 죽은 눈치였다. 그러자 한민우 선배 곁에 선 선배들이 신나서 말했다.

"한민우, 너 오늘 백김치랑 김만 먹는 거야? 아싸, 얘 제육볶음은 내 꺼."

"백김치가 얼마나 맛있는데, 네 백김치는 내가 다 먹을 거야."

뒤에서 얘기하니까 본의 아니게 선배들의 대화를 듣게 되었다.

우리는 줄을 따라 들어가 급식을 받고 빈자리에 앉았다. 3학년 선배들은 우리 건너편에 자리를 잡았다. 나는 밥 한 숟가락을 입에 넣으며 말했다.

"지원아, 아까 그 선배는 채식주의자인가?"

"응?"

"비건인 것 같아서."

"그런가? 비건이라…… 내 꿈인데, 난 치킨이 너무 좋아서 그 꿈은 못 이룰 거야."

지원이의 넋두리에 나는 웃음이 픽 하고 샜다. 그러다 백김치를 입에 넣던 민우 선배와 눈이 마주쳤다. 잘못한 것도 없는데 화들짝 놀랐다. 나도 모르는 사이에 그쪽을 보고 있었나 싶어서 저절로 고개를 돌렸다.

아무것도 모르는 지원이가 밥을 먹으며 말했다.

"근데 아까 그 선배 말이야, 비건이면 진짜 대단하지 않냐? 급식 메인으로 맨날 고기 나오는데, 매일 뭘 먹는 거지?"

"그거야, 뭐 알아서 하겠지. 그래도 채식주의자로 사는 거 보통 일 아냐."

"그치? 대단하다. 왜 비건이 됐을까? 근데 너도 채식주의자야?"

"어?"

"아니, 너도 고기 먹는 거 못 본 거 같아서."

지원이는 정말 궁금하다는 표정으로 나를 보았다.

"아니, 그런 건 아니고. 고기가 나랑 잘 안 맞아. 배탈 나."

"헐, 정말? 불쌍하다. 너."

진심으로 걱정하는 지원이에게 나는 제육볶음을 전부 덜어 주었다. 그러자 지원이는 언제 걱정했냐는 듯 금세 좋아했다. 밥을 다먹고 나는 식판을 들고 잔반통 앞으로 걸어갔다.

"너도 고기 안 먹니?"

뒤에서 들려오는 목소리의 주인은 민우 선배였다.

"네? 아. 그게요. 고기를 안 좋아해서요."

"아, 그래? 아니, 나는 그냥 너도."

선배는 말을 얼버무리고는 그냥 웃어 버렸다. 그러고는 친구들과다시 우르르 급식실을 빠져나갔다.

"뭐가 '너도'라는 거야?"

뭔가 찜찜한 기분으로 오후를 보내고 찻집으로 갔다. 할머니 찻집에 다다르자 테라스에서 루아가 몸을 일으켜 다리를 쭉 뻗어 기지개를 켜고는 나에게 폴짝 안겼다. 나는 웃으며 루아의 등을 어루만져 주었다.

딸랑.

"할머니 저 왔어요!"

"아름이 왔니?"

"네!"

"자, 어서 해 보렴. 하고 싶은 이야기."

"네? 하고 싶은 이야기요?"

나는 할머니의 말에 어리둥절해졌다.

"그래, 지금 아름이 눈이 '할머니! 저 할 말 있어요!' 이렇게 말하는데?"

할머니의 익살스러운 표정에 나는 그제야 웃으며 말했다.

"어떻게 아셨어요? 저 오늘 하고 싶은 말이 있었는데."

"비밀이니, 내 능력을 절대 알리지 말아 주렴."

할머니가 더욱 능청스럽게 말씀하시자 나도 모르게 웃음을 터트렸다.

"사실 오늘 급식실에서 어떤 선배를 봤거든요. 근데 채식주의자 같았어요."

"흠, 그런데?"

"그런데라뇨? 학교 급식에는 거의 고기가 나와요. 그런데 그걸 안 먹는다는 게 신기하지 않아요? 저는 처음 봤거든요. 게다가 오늘은 제육볶음이 나왔다고 친구들이 막 놀리는데도 아무렇지 않게

백김치에 김만 우적우적 먹더라고요. 뭐라고 설명하기는 좀 어려운
데……."

"어려운데?"

"……왠지 되게 멋져 보였어요."

"음, 아름이가 한눈에 반한 건 아니고?"

"아이참! 아니에요."

할머니는 눈을 찡긋하시더니 곰곰 생각하며 물으셨다.

"그런데 채식주의자가 왜 신기하니?"

"네?"

"고기를 먹지 않는 게 신기한 일인가 싶어서 물어봤단다."

"아, 그게요. 저도 사실 고기는 거의 먹지 않는데, 어쩔 수 없이
먹어야 할 때도 있거든요. 안 먹으면 유난 떤다고 말하는 사람들이
있어서요. 그런데 아까 그 선배는 당당해 보이더라고요. 그게 멋져
보였어요. 저는 그렇게 못해서."

"알 것 같구나. 너만 왜 유별나게 구냐는 시선이지? 채식을 하는
게 잘못도 아닌데 마치 대다수와 다르게 행동하는 걸 잘못인 것처
럼 이야기하니까 말이다. 오히려 지구를 위해서는 무척 좋은 일인
데도 말이야."

나는 갑자기 지구까지 나아간 주제에 머리를 긁적이며 말했다.

"음, 저는 뭐 그렇게 거창한 이유는 아니에요. 실은 저 어릴 때 아

빠랑 농촌 체험 마을 같은 데 간 적이 있거든요. 돼지 농장에서 아기 돼지들을 봤는데 엄청 귀여운 거예요. 사진도 찍고 열심히 구경했어요. 근데 체험 마지막이 뭔 줄 아세요? 삼겹살 집에서 밥 먹는 거였어요. 처음엔 아무 생각 없이 맛있게 먹었는데 아빠가 아까 그 돼지가 크면 이렇게 된다고 말하는 거예요. 그때 얼마나 충격을 받았는지. 그 이후로는 고기를 잘 안 먹게 되더라구요. 어쩐지 너무 미안해서."

이야기하다 보니 오랫동안 잊고 있었던 기억이 떠올랐다. 할머니는 가만가만 듣더니 내 머리를 쓰다듬어 주셨다.

"우리 아름이가 어릴 때부터 생각이 깊고 마음이 따뜻한 아이였구나. 사실 그런 걸 본다고 해서 행동으로 옮기기가 쉽지 않은데 말이다."

갑작스러운 칭찬에 나는 얼굴이 발그레해졌다. 할머니는 미소를 지으며 말씀하셨다.

"미안한 마음이 들었다고 했지? 그건 네가 뭔가 잘못됐다고 느꼈고, 그것에 대해 책임감을 느꼈기 때문일 거야. 그런 마음을 죄책감이라고 한단다."

죄책감?

나는 고개를 갸웃했다. 내가 고기를 잘 안 먹게 되는 게 죄책감 때문이라고 생각한 적은 한 번도 없었기 때문이다. 뭔가 죄책감이라는 건 좀 거창한 감정이 아닌가? 남에게 뭔가 큰 해를 입히고 나서 시달리는…….

할머니는 이런 내 맘을 읽었는지 속 시원히 설명해 주셨다.

"그건 고기를 먹는 일부터 다른 사람들, 심지어 자신에게도 들 수 있는 감정이야."

"자기 자신에게도요?"

"그럼. 그 감정은 우리를 괴롭게 하지. 하지만 죄책감이 든다는 건 마음이 우리에게 이런 말을 하는 거야. 미안하다고. 아름이 네가 느꼈듯이 말이야. 그리고 그 마음은 우리에게 책임감 있는 행동을 하도록 만들기도 해. 거북이 코에 플라스틱 빨대가 꽂혀 괴로워하는 사진을 보고 빨대를 쓰지 않기로 결심하는 것처럼."

"아."

할머니 말이 맞았다. 한동안 SNS에서 그 사진이 널리 퍼졌었다. 가끔 편의점에서 종이 빨대를 찾는 아이들을 본 적도 있었다.

"만일 그렇다면 그건 죄책감으로 인해 더 책임감 있게 행동하게 된 셈이지. 미안해서 이제 더 이상 그런 행동을 하지 않고, 더 좋은 세상을 만들어야겠다는 책임감 말이야. 그러니 죄책감이 든다면, 마냥 괴로워하기보다는 지금 내가 무슨 일을 할 수 있을지 고민해 보는 게 더 우선이란다."

"제가 지금 할 수 있는 일이요?"

"그래. 죄책감이라는 건 잘못을 인정하고 책임감을 가지자고 말하는 마음의 소리이니까. 아마 그 선배라는 아이도 너와 비슷한 경험이 있지 않을까? 아니면 직접 겪지는 않았어도 어떤 깨달음이 있었겠지."

"그랬을까요? 사실 환경을 걱정하고 동물을 좋아하는 사람들은 많긴 해요."

"그래. 그렇지. 하지만 그런 마음에 책임감을 느끼고 직접 행동으로 실천하는 일은 생각보다 어렵단다. 그러니까 직접 실천하고 있는 그 선배라는 아이가 나도 무척 멋지게 느껴지는구나. 그 친구의 당당함 덕분에 주변 사람들도 한 번 더 생각해 볼 수 있을 테니 말이다."

할머니가 자리에서 일어나 차 한 잔을 가져다주셨다. 사과를 절여 만든 사과청에 시나몬 가루를 솔솔 뿌린 차였다. 향긋하면서도 쌉싸름한 향이 났다.

"할머니! 저 이 차 이름 알 거 같아요."

"하하, 그래? 차 이름이 뭘까?"

"미안하다고 말하고 싶을 땐, 사과시나몬차요!"

"우리 아름이도 찻집 주인 다 되었구나."

할머니가 주신 따뜻한 사과시나몬차를 한 모금 넘겼다. 온몸에서 뜨거운 기운이 퍼져 나갔다. 그리고 민우 선배의 이야기가 궁금해졌다. 다음에 만나게 된다면 용기를 내어 선배에게 물어보고 싶다. 선배의 이야기를, 선배가 바라는 더 나은 세상에 대해.

죄책감을 제대로 들여다볼 때
일어나는 일들

🌱
사과시나몬차

10월 24일이 무슨 날인지 알아? 잘 모르겠다고? 그날은 바로바로, 사과데이야! 학교에서도 한두 번쯤은 들어 봤을 걸. 학생들에게 사과를 나눠 주는 학교도 있고 친구들에게 사과 모양의 종이에 글을 쓰며 마음을 전하는 행사들을 하기도 해. (가끔은 강제로도!)

밸런타인데이나 어버이날, 어린이날이 사랑과 감사를 표현하는 날이라면 사과데이는 미안함을 고백하는 날이야. 왜 이런 날을 만들었을까? 우선 '사과하다'의 사과와 아삭하면서도 달콤한 맛을 지닌 '사과'가 같은 소리를 지닌 점, 또 사과가 10월을 전후로 수확된다는 점에서 이 날짜로 정하지 않았을까 싶어. 무엇보다도 미안하다는 말이 사랑한다는 고백만큼이나 쉽지 않다는 점에서 사과데이가 탄생한 게 아닐까.

사과는 자신의 잘못을 인정하는 동시에 잘못을 반복하지 않겠다는 약속이야. 하지만 우리는 살면서 사과를 좀처럼 못하는 일이 많아. 내 잘못을 인정하는 것은 어렵고, 그런 마음에 나 때문이 아니고 나 혼자만 그런 것은 아니라며 합리화하는 편이 훨씬 쉽거든.

그렇게 사과하지 않고 지나간다면 우리 마음에는 죄책감이 쌓이게 될 거야.

지금 이대로가 과연 괜찮은 건지

고민하게 하는 마음

어쩌면 처음엔 잘못인지도 몰랐던 일, 아니면 아예 관심조차 없었던 일에서 시작되는 마음일 수도 있어. 플라스틱으로 가득 찬 물고기의 내장을 보면서, 자꾸 쪼개지는 얼음 위에서 발디딜 곳을 찾는 북극곰을 보면서, 또 여름날의 도심을 가로지르는 닭장 사이로 빼곡히 들어선 닭들을 보면서도 들 수 있지. 전쟁으로 무너진 집에서 두려워하는 아이의 눈물을 보며 무언가 잘못되었음을 느끼기도 해. 이런 질문을 하게 되지.

"지금 이대로가 과연 괜찮은 걸까? 나는 이것과 아무 관련이 없을까?"

나와 상관없다고 생각되던 일들이 나도 관련되어 있다는 생각으로 이어질 때 이 미안함은 죄책감으로 바뀌어. 이 죄책감은 지금 잘 살고 있는지, 이대로 살아도 괜찮은지를 고민하게 만들기도 해. 그러다 자신의 삶을 바꾸는 노력으로 나아가게 해. 플라스틱 사용을 줄이고, 자동차를 타지 않으며, 고기를 먹지 않고, 전쟁에 반대하는 행동에 나서게도 하는 거야. 자신의 삶을 바꾸어 간 이들은 죄책감이 하는 말에 귀 기울인 사람들이야.

물론 이러한 노력들이 지속적이지 않을 수 있어. 하지만 끊임없이 시도하고 노력한다면 결국 세상은 바뀌게 되지 않을까? 죄책감이 스스로를 괴롭히는 마음에서 끝나지 않고 변화로 이어진다면 세상은 지금보다 더 나은 방향으로 나아가게 될 거야. 그러니까 과거와 다른 오늘은 무언가에 대한, 혹은 누군가에 대한 죄책감에서 시작되었다고도 볼 수 있어.

죄책감,
내가 할 일이 무엇인지 밝혀 주는 감정

우리나라를 대표하는 윤동주 시인은 일제 강점기를 살다 돌아가셨어. 일본 유학 시절 독립운동을 했다는 혐의로 감옥에 끌려가 혹독한 고문을 당하다 해방을 불과 육 개월 앞두고 돌아가셨지. 윤동주 시인이 남긴 마지막 시로 알려진 '쉽게 씌어진 시'에는 남의 땅,

일본에서 공부를 하고 있는 자신의 삶을 부끄러워하는 모습이 담겨 있어. 나라를 빼앗은 일본의 땅에서 공부를 하고 있는 자신이 이대로 살아도 되는지에 관한 부끄러움이었을 거야.

하지만 윤동주 시인의 시는 부끄러워하면서 끝나지 않아. 시 마지막 부분은 '등불을 밝혀 어둠을 몰아내고 시대처럼 올 아침을 기다리는 나'를 만나 현실과 타협하지 않겠다는 의지를 밝히고 있거든. 그리고 윤동주 시인은 자신의 다짐처럼 정말 현실과 타협하지 않고 목숨을 바치며 생을 마감했어. 이런 점에서 윤동주 시인의 작품은 '성찰', '반성'과 함께 이야기되곤 해. 반성은 알겠는데, 성찰은 뭐냐고? 성찰은 자기 마음을 되돌아보는 일이야. 부끄러워하고 반성하는 자세야말로 삶에 대한 성찰의 시작점이 되지. 그리고 바로 이 성찰이 우리가 지금 살펴보고 있는 죄책감의 다른 얼굴이기도 해.

윤동주 시인과 그 작품을 보면서 우리는 죄책감이 바라는 세 단계를 모두 알 수 있어. 우선 죄책감은 과거의 삶에 대한 인정을 요구해. 이유야 어찌 되었든 과거의 삶이 잘못되었다는 점을 인정해야 오늘날의 삶을 부끄러워할 수 있을테니까 말이야. '나는 그동안 잘 살았는데 뭐 어쩌라고?'와 같은 생각은 자신의 삶을 성찰할 수 없게 해.

과거를 인정하고 현재의 삶에 부끄러움을 느꼈다면 이제 어떻게 해야 할까? 그건 바로 미래의 나에게 약속해야 해. 잘못과 실수를 반복하지 않겠다고 말이야. 그리고 조금은 바뀐 아니 조금씩 바뀌어 기는 삶을 살아야 해.

이제 알겠니? 죄책감은 괴로운 감정이 아니야. 죄책감은 내가 해야 할 일이 무엇인지를 분명히 밝혀 주는 감정이야. 그와 동시에 타협하고 싶은 내 안의 비겁함을 비추는, 보고 싶지 않지만 봐야 하는 거울이야. 흔히 죄책감에 괴롭다고 이야기하지. 죄책감이 괴로운 이유는 비겁한 자신의 내면을 보고만 있기 때문이야. 동시에 나는 책임이 없다고 발뺌하고 싶기 때문일 거야.

죄책감이 주는 부끄러움, 미안함, 당황스러움을 기꺼이 껴안고 나아간다면 우리는 달라지게 될 거야. 그리고 우리가 사는 세상은 조금 더 나아질 수 있을지 몰라. 계피의 쓸쓸함도 사랑할 줄 알아야 사과의 단맛도 느낄 수 있는 사과시나몬차처럼 말이야.

우리는 모든 순간을
올바르게 행동할 수는 없어요.
모두가 그렇듯
당신도 실수하게 되겠죠.
하지만 당신에게 있는 그 진실이 무언지
귀 기울여 듣는다면
힘들거나 심지어 불편한 순간이 오더라도
사람들은 당신과 함께하게 될 거예요.

– 버락 오바마

인간이 문명을 이룰 수 있었던 것은
서로를 돌보려는 마음이 있었기 때문이고
그 마음의 한 조각에는 지켜 주지 못한 것에 대한
미안함과 죄책감이 있어.

진짜 부끄러움이 뭔지
알아야 한다고?

#수치심

"할머니!"

"응?"

"혹시 오늘 좀 다른 손님 안 오셨나요?"

"다른 손님?"

"음. 그러니까 다른 나라 사람이라든가……."

"아니. 그런 사람 안 왔는데, 왜 그러니?"

"저……, 그게."

나는 몇 번을 망설이다가 이야기를 시작했다.

지난주 토요일은 엄마의 기일이었다. 엄마는 신호를 지키지 않은
자동차와 부딪혀 공중으로 떠올랐다. 나는 그다음 장면을 떠올리지

못했다. 그리고 이렇게 맑은 가을이 되면 이유 없이 내내 아팠다. 아니, 나뿐만이 아니라 아빠도 동생도 아팠다. 다만 우리는 서로에게 아프다는 말을 하지 않을 뿐이다.

그런데 신기하게도 이번 가을은 지난해처럼 아프지 않았다. 가을이 되면 어딘지 모를 무기력이 온몸을 덮쳤는데, 올해에는 그렇지 않았다. 가슴이 저릿저릿하긴 했지만.

나는 이게 모두 할머니 덕분이라고 생각했다. 할머니의 가게에서 일을 시작한 후부터 지금까지 나는 가게가 쉬는 일요일을 빼고는 매일 와서 할머니와 이야기를 나누었다.

사람들이 언덕배기에 있는 작은 찻집을 어떻게 알고 찾아올까 항상 궁금했다. 그런데 알바를 시작하면서 곧 알게 되었다. 이 가게를 찾는 다른 사람들도 나처럼 할머니와 나누는 마음에 대한 이야기가 좋아서 찾아온다는 사실을 말이다.

그런데 우리 찻집을 소개해 주고 싶은 사람을 바로 엄마의 기일 날 만난 것이다. 그것도 엄마를 만나러 간 납골당에서 말이다.

한 아주머니가 엄마의 유골이 놓인 자리에서 열 칸쯤 떨어진 자리에 서 있었다. 유난히 어두운 피부색을 보고 그 사람이 외국인이라는 걸 알 수 있었다. 외국인을 납골당에서 본 건 처음이어서 나도 모르게 자꾸 눈길이 갔다.

마침 아빠는 잠시 전화를 하러 밖에 나가 있었다. 나는 동생과 엄마의 유골함 앞에 서서 그동안 있었던 이야기를 하고 있었다. 할머니 가게며, 루아 이야기도 엄마는 궁금해할 테니까.

그런데 그 아주머니도 외국어로 무슨 말을 하고 있었다. 아마도 자기 나라 말이겠지.

왜 자꾸 신경 써. 신경 끄자.

그렇게 애써 관심을 끄려고 노력했는데 도저히 신경을 안 쓸 수 없는 말들이 들려왔다.

"나도 죽고 싶어요."

그것은 한국말이었다. 외국어로 이야기하다 꺼낸 서툰 한국말이 단번에 내 귀에 꽂혔다. 나도 모르게 아주머니를 보았다. 생기가 없는 얼굴로 유골함을 보는 눈이 텅 비어 있었다.

나도 모르게 덜컥 겁이 났다. 아주머니가 그냥 한 말이 아니면 어떻게 하지? 정말 죽고 싶어서 죽으려고 하면 어떻게 하지?

"그러시면 안 돼요."

무심결에 나도 모르게 나온 말이었다. 동생이 의아한 얼굴로 나를 보았다. 아주머니 역시 고개를 돌려 나를 보았다.

"죽으시면 안 된다고요."

나는 재차 강조하듯이 말했다. 아주머니는 그제야 자신을 향한 말인 걸 알아챈 것 같았다. 아주머니는 느릿느릿하게 말했다.

"네가 무슨 상관이야."

"……."

동생이 조심스럽게 내 손을 잡아끌었다. 아주머니 말이 맞았다. 내가 무슨 상관일까? 괜히 나서는 걸까? 이런 질문들이 머릿속에 가득 떠올랐다. 그런데도 입에서는 신기하게 정반대의 말이 술술 나왔다.

"그래도, 아주머니가 죽는 거 안 바라실 거예요. 그분도."

아주머니의 눈이 순간 사나워졌다.

동생이 "누나……"하면서 울상을 하며 나를 말렸다. 나도 모르겠다. 도대체 무슨 용기에 그런 말을 했는지.

하지만 그동안 할머니의 찻집에서 일하며 한 가지 알게 된 게 있었다. 혼자서 미치도록 괴롭고 숨쉬기 힘들어도 누군가가 곁에 있어 준다면 한결 나아진다는 것을. 그 누군가가 내 이야기를 들어 준다면 그보다 더 나아진다는 것을.

그래서 나도 모르게 다른 사람에게 덜컥 말을 걸고 말았나 보다. 그래도 이번에는 내가 실수한 게 아닐까?

한참 말이 없던 아주머니가 입을 열었다.

"얘는 남편한테 맞아서 죽었어. 그런데 사람들은 슬퍼하지 않아. 우리 같은 사람들은 어쩔 수가 없대. 우리 같은 사람들은."

서툰 한국말이었지만 아주머니의 말을 나는 전부 알아들을 수 있었다.

"우리 같은 사람들은 여기서 행복하게 못 살아."

아주머니가 꺼낸 이야기는 길지 않았지만, 얼마나 힘겨운 상황인지를 어림짐작할 수 있었다. 나는 할 수 있는 이야기가 없었다. 처음 본 사람에게 이렇게 말을 걸어 본 적이 난생처음이었으니까. 다만, 이야기를 들을수록 아주머니에게도 누군가 다가와 주는 것이 필요하다는 걸 알 수 있었다.

"그래도요. 아, 저기 혹시……."

나는 주머니에 있던 종이를 꺼내 할머니 가게의 주소와 전화번호를 적었다.

"시간이 되시면 여기에 한 번 오세요. 제가 여기서 일하는데, 오시면 맛있는 차를 만들어 드릴게요."

아주머니는 내가 종이를 써서 주자 조금 당황한 눈치였다. 나는 얼굴이 점점 벌게지는 것이 느껴졌다. 아주머니는 조심스럽게 종이를 받아들었다. 나는 꾸벅 인사를 하고 얼른 동생 곁으로 다가갔다.

동생은 나를 끌고 밖으로 나오자마자 다그쳤다.

"누나! 뭐 하는 거야?"

"어, 그게……."

나도 모르겠다. 대체 왜 그랬는지. 다만 아주머니가 죽고 싶다고 한 말이 왜인지 이렇게 들렸다. 도와 달라고. 내 이야기를 들어 달라고.

잘한 거야. 잘한 거라고.

애써 잘했다고 위안 삼으며 그때부터 매일 같이 아주머니가 이 가게에 오는지 기다렸다. 시간이 지날수록 그날 내가 정말 이상해 보였을 거라는 생각만 커져 갔다. 이상한 애가 준 연락처를 어떻게 믿고 찾아올까?

그 아주머니가 가게에 오지 않는 건 당연하다.

할머니에게 모두 이야기하고 나니 속이 다 시원했다. 할머니는 턱을 쓰다듬으며 말씀하셨다.

"그날 아름이 네가 그분께 용기를 전했을지도 모르지. 그런 마음을 먹으면 안 된다고 말해 줄 사람이 필요한 순간이었을지도 몰라."

나는 한숨을 쉬었다.

"정말 그런 거면 좋겠네요."

"그럴 거야."

할머니의 말을 들으니 왠지 안심이 되었다. 나는 팔을 걷어붙이며 씩씩하게 말했다.

"할머니, 우리 오늘은 뭐해요?"

"음, 고구마를 쪄 볼까?"

"고구마요?"

"그래, 고구마. 슬슬 추워지는 날씨에는 고구마라떼가 딱이지!"

"우아! 저 고구마 엄청 좋아하는데."

"그럼 우리가 먼저 마셔 볼까?"

"좋아요!"

그날 오후 나는 할머니와 고구마를 깨끗이 씻은 후 커다란 찜솥에 삶아 냈다. 고구마는 속에 전등이라도 든 것처럼 노란빛을 머금고 있었다.

"아름아! 이거 먹고 하자!"

"네!"

나는 할머니와 테이블에 마주 앉아 호호 불며 고구마를 먹었다.

"아름아, 네가 만약 외국에 나가 살면 어떨 것 같으냐?"

"외국이요? 정말 신날 것 같은데요."

"신이 나? 뭐가?"

"매일매일 새로운 곳으로 여행 가는 기분이지 않을까요?"

"음, 과연 그렇기만 할까? 놀러 간 게 아니라 사는 건데?"

놀러 간 것과 사는 것이 뭐가 많이 다른가? 나는 고개를 갸웃거렸다. 외국에 나가서 살면 뭔가 지금과는 다른 일들만 펼쳐질 것 같았다. 그 이상 구체적으로 생각해 본 적은 솔직히 없었다.

"외국에서 살게 된다면 가족도, 친구도, 아는 사람이 한 명도 없는 곳에서 나 홀로 생활해야 하는 거야. 외국에서 산다는 건 이방인으로 산다는 의미일 테니까. 그래서 많은 사람들이 외국 생활을 하면서 향수에 시달리는 거란다. 그런데 말이야. 그렇게 외로운 것에 그치지 않고, 단지 외국인이라는 이유로 무시당한다면 어떨까? 맞아도 화내지 못하고, 병원에 가도 치료를 제대로 못 받고, 학교도 다니지 못해. 제대로 된 일자리를 얻을 수도 없어. 아무 잘못도 없이 인간으로서 존중받지 못한다면?"

말만 들어도 치가 떨렸다. 나는 부르르 떨며 대꾸했다.

"완전 기분 나쁘죠."

"그래, 기분이 나쁠 거야. 그리고?"

"……너무 기분 나쁘고 슬프고 외롭고 무섭고……."

나는 알고 있는 온갖 부정적인 감정들을 다 끌어왔다. 내 말을 들은 할머니가 천천히 말을 이었다.

"그리고……부끄러울 거야."

나는 할머니의 말을 듣고 의아해졌다.

"부끄럽다고요? 뭐가요? 잘못한 것도 없는데요?"

"없지. 잘못한 것도 없는데도 마치 잘못한 사람처럼 취급받고 있어. 이럴 때 누군가 잘못되었다고 알려 줘야 하는데. 우리 주변에는 그런 사람을 보기가 드물단다. 이방인이라는 이유로 나와 상관없다고 여기지. 그래서 그 사람은 이런 생각이 드는 거야. 남들이 보기에 자신이 그렇게 형편없는 사람처럼 보이는 걸까? 나란 존재가 참 보잘것없나 보다. 점점 그런 자신이 수치스럽게 느껴지게 돼."

할머니는 씁쓸하게 말을 이었다.

"수치심은 무언가를 잘못해서 부끄러워하는 마음인데, 아무 잘못 없이도 그렇게 느끼게 되는 거지. 그런 일이 우리 주변에는 생각보다 많이 일어난단다."

할머니의 말에 나도 고개를 끄덕였다.

몇몇 일들이 떠올랐다. 뉴스를 보면 해외에서도 유색인들이 단지 유색인이라는 이유만으로 쉽게 범죄자로 오해받고, 놀림거리가 되는 일들이 나온다. 우리나라에서도 다문화 사람들에게 그런 대우를 하는 일이 꽤 있다고 했다.

그리고 그 아주머니도, 그런 대우를 많이 겪었을 것이다.

"진짜 수치스럽게 느껴야 할 사람들은 그걸 못 느끼고, 오히려 당한 사람이 수치심을 느끼게 되는 거지. 아름아, 많은 사람들이 여전히 차별에 대해 이야기하는 것은 바로 이 수치심에서 벗어나고 싶어서야. 인간답게 존중받지 못하는 현실이 잘못되었다는 걸 말하려는 거지. 그런 일들이 과연 피부색에만 해당될까? 성별, 나이뿐 아니라 비정규직이라서, 배우지 못해서, 가난해서, 살이 쪄서 다양한 이유로 사람들은 부당한 대우를 당하고 수치심을 느끼지. 그 감정이 진짜 전하고 싶은 말을 생각해 봐야 해."

"진짜 전하고 싶은 말이요?"

가슴이 꽉 메어 오는 느낌이었다. 나는 살면서 한 번도 생각해 본 적 없던 감정. 그런 대우를 당해 본 적이 없어서 모른다고 말하기에는 어쩐지 부끄러워지는 감정.

그 감정이 전하고 싶은 말은 무엇일까?

"할머니."

"응?"

"아마도 '**나를 존중해주세요.**'가 아닐까요?"

바로 그때 '딸랑' 소리와 함께 문이 열렸다.

나와 눈이 마주친 아주머니는 들어오지도 나가지도 못하고 문 앞에 서 있었다. 나는 벌떡 일어나 아주머니를 보았다. 무언가 말하지 않아도 서로를 보는 눈빛에 반가움이 서렸다.

"안녕하세요? 어서 오세요."

나도 모르게 목소리가 떨려 나왔다. 내 말에 아주머니의 표정이 한결 더 밝아졌다. 할머니도 아주머니를 보며 반갑게 미소 지었다.

'만들어진 수치심'을
경계하며,

고구마라-떼

달달하고 부드러운 고구마는 사람들이 좋아하는 간식 중 하나야. 하지만 맛있다고 고구마만 마구 먹다가는 얼마 먹지도 못하고 가슴을 치는 일이 생기게 될거야. 목이 메이고 숨이 안 쉬어질 것처럼 가슴이 답답해지는 건 달달한 고구마만의 부작용이기도 하니까.

그럴 때 필요한 건 한 잔의 우유처럼 고구마를 부드럽게 넘길 수 있게 도움을 줄 무언가지. 그런 면에서 고구마라떼는 이 둘의 꿀조합이라 할 만해. 사람이 살아가는 일도 고구마를 먹는 일과 비슷할 때가 있어. 마치 고구마만 먹는 것처럼 가슴 답답한 일들이 종종 생겨나곤 하거든. 그럴 때 우리는 어떻게 해야 할지 생각해 보자.

누구나 동의할 만한

'사람의 조건'

"사람이 어떻게 저런 짓을⋯⋯."

"사람답지 못하게⋯⋯."

이런 말들을 들으면 '사람이 과연 뭘까? 사람은 어떻게 살아야 하지?'와 같은 의문을 들어. 물론 이런 말을 쓰는 많은 사람들 역시도 사람에 대한 정의를 명확하게 내리고 사용하는 건 아닐 거야. 그럼에도 이런 표현이 공공연하게 사용되는 건 막연하긴 하지만 사람이라면 마땅히 갖추어야 하는 자격과 의무가 있다는 생각에 공감하기 때문이야.

그러니까 '사람이라면 어떠해야 한다.' 혹은 '어떤 대접을 받아야 한다.'는 느낌을 여러 사람이 공유한다는 뜻이지.

과학, 예술, 철학 등이 사람의 존재에 대해 저마다의 해답을 내놓기 위해 애쓰고 있지만 모두를 만족시킬 만한 대답은 여전히 찾지 못했어. 또 앞으로 변화하게 될 미래 사회에서는 더욱 사람에 대한 정의를 내리기가 어려워질지도 모르지.

예전부터 사람의 자격, 사람으로서의 의무에 대한 논의는 계속되어 왔어. 지금은 동등한 인권을 누리지만 예전엔 사람의 자격을 얻지 못해 인권을 보장받지 못한 경우들도 많아. 예를 들면 '모든 사람은 평등하다'고 알린 프랑스 혁명의 인권 선언에서조차 여성이나 아이, 노예는 사람에 속하지 못했어. 또한 왕과 귀족, 양반과 천민 등으로 사람을 등급으로 나눈 과거의 신분제, 우월한 민족과 그렇지 못한 민족이 있다고 믿는 인종주의자 역시도 사람에 대한 해석이 각각 다르지.

하지만 굳이 이렇게 역사를 되짚어 올라가지 않더라도 '사람이라면 어떠해야 한다'는 생각의 차이를 흔히 발견할 수 있어. 누군가는 사람을 돈으로 환산하고 누군가는 사람을 힘으로 판단해. 불공평을 당연한 세상의 이치로 받아들이고, 우위에 올라서는 것만을 목표로 삼지. 우위에 올라서기 위한 조건을 갖추어야 '사람의 자격'이 생긴다고 여기는 사람들도 꽤 많아. 요즘 흔하게 들을 수 있는 갑질 역시 사람의 자격에 대한 생각의 차이에서 비롯된다고 할 수 있어.

한편으로는 개인이 가진 능력이나 상황에 따라 갑과 을을 나누고 구분하는 게 왜 문제가 되는지 고개를 갸우뚱하는 친구들이 있을 수도 있어. 특히 서비스업과 같이 일정 금액을 지불한 경우, 갑이 을에게 편의를 요구하는 건 정당한 거라고 생각할지도 몰라.

하지만 사회적으로 이슈가 되는 문제들은 정당한 요구와 권리와는 거리가 멀어. 그런 문제되는 요구를 할 수 있는 자격은 '사람의 자격'과도 무관하지. 그게 문제가 되는 건 동등한 인권을 가진 사람에게는 해서는 안 되는 말과 행동을 갑이 을에게 행했기 때문이야. 예를 들어 물건이 맘에 들지 않는다고 직원의 뺨을 때린다든가, 업무와는 상관없는 일, 말투, 복장 등을 요구하며 막말을 일삼는 경우처럼 말이야.

화를 내도 될 자격이 있는 사람, 함부로 다른 사람을 무시해도 되는 자격을 가진 사람이 따로 있는 걸까? 저마다 다른 피부색이나 언어, 학력, 직업들이 다른 사람의 권리를 침해할 자격이 되는 건 아니잖아? 백인이라는 이유로 유색 인종을 무시하고 심지어는 폭행하는 일들이 지구촌 곳곳에서 일어나고 있어. 이때 폭행의 가해자와 피해자의 차이가 피부색이라면 이 피부색이 어떤 권리 혹은 우위라도 되는 것처럼 착각한 거지. 이처럼 '없는 권리'를 마치 있는 것으로 착각해 사람들을 낙인찍고 함부로 대할 때 상대방이 느끼게 될 감정이 바로 수치심일 거야. 지금 누군가가 느끼고 있는 감정일 수도 있어.

'만들어진 수치심'에
대해

죄책감이 어떤 잘못에 대해 스스로 책임을 느끼는 것이라면 수치심은 다른 사람이 자신을 어떻게 바라보고 있는지와도 깊게 관련되어 있어.

주변 사람들로 인한 수치심을 느낄 경우, 우려되는 부분이 하나 있는데, 그것은 나의 잘못이 아님에도 사회적 상황 때문에 수치심을 느껴서 자신을 탓하게 되는 일이 생길 수 있다는 거야. '수치를 안겨 주다, 수치스럽다'와 같은 표현들은 수치가 외부의 요인에 의해 발생되는 감정일 수 있음을 알려 줘.

예를 한번 들어 볼까? 가정 폭력 같은 어떤 범죄를 당한 피해자들은 자신의 일을 말하는 것을 무척이나 부끄러워해. 어른이 되어서도 자신이 당한 일을 말하는 것을 힘겨워하지. 내 잘못이 아니고 오히려 위로를 받아야 할 피해자인데도, 그것에 대해 수치심을 느끼고 숨기고 사는 경우가 많아. 억울한 상황인데도 도리어 사람들에게 손가락질을 당할까 봐 두려워하고 자신의 경험을 수치스럽게 생각하지.

비슷한 예로 유명인들이 인터뷰 등에서 어릴 적 상처를 고백하며 당시 겪었던 수치스러움을 토로하고는 해. 이 경험들이 고발이 아닌 고백인 이유는 대체로 이들의 상처가 과거이기 때문이지. 상처를 당한 그 당시에는 이야기하기 어려운 거야. 사람들의 시선 때문에 말이지.

혼자 참고 삭이다가 병이 되는 경우들도 있어. 이런 경우 진짜 부끄러워해야 할 사람이 누구인지는 이미 잘 알고 있을 거야. 바로 수치심을 안겨 준 사람이야. 잘못한 게 없는데도 지금 수치심이라는 감정에서 허우적거리고 있다면 "그것은 결코 당신의 잘못이 아니고, 부끄러워하지 않아도 된다"는 것을 꼭 깨달았으면 좋겠어. 당신이 느끼는 수치심은 스스로 사람다움을 증명해 내고 싶다는 의지이지 절망이 아니야.

앞서 이야기한 유명인들은 자신의 상처를 고백한 끝에 항상 이런 말을 덧붙였어. "나와 같은 아픔을 겪는 사람들에게 위로가 되길 바란다."라고 말이야. 이런 말도 남기지. "당신의 잘못이 아니다." 라고.

이런 말을 하는 것은 그런 아픔을 겪은 사람에게는 누군가가 꼭 필요로 하다는 걸 당사자로서 잘 알고 있기 때문일 거야. 힘든 이야기를 들어 주고 괜찮다고 말해 줄 사람이 우리에게는 늘 필요해.

조금만 생각하고 주변을 돌아보면 우리 곁에도 아픔을 겪고 있는 사람들이 있어. 이주 노동자, 성소수자, 난민, 학교 폭력, 성폭력, 가정 폭력 같은 폭력의 피해자, 장애인 등. 그들이 느끼는 수치심은 그래서 개인의 문제가 아니야. 우리 사회가 함께 고민해야 할 문제야.

사이버상의 댓글로 목숨을 포기하는 사람들이 생겨나지 않도록, 이주 노동자들이 차별의 시선에서 자신을 비관하지 않도록, 성소수자가 자신의 정체성으로 인해 비난받지 않도록, 장애를 가진 이들이 일상에서 배제되지 않도록. 이제 함께 살아가는 사람들이 관심을 가져야 할 거야.

'사람'이라는 글자를 잘 들여다보면 '삶'이라는 글자를 찾아볼 수 있어. 삶은 사람으로서 살아 있음을 증명해 나가는 과정이야. 수치심을 절망이 아니라 의지로 연결 지을 수 있도록, 함께 관심을 기울이자.

마음이
걸어오는
말
한 마디

존엄은 명예를 소유하는 데 있는 게 아니라,
명예를 누릴 자격을 유지하는 데 있다.

_ 아리스토텔레스

사람으로서의 자격은
누군가에게 부여받는 게 아니라
스스로 만들어 나가는 것임을
잊지 말자!

누군가를 시기하는 마음을
인정한다는 것

#시기와 질투

그것은 지원이와 가까워지고 얼마 되지 않아서 일어난 일이었다.
정말 폭풍 같은 일들이 순식간에 몰아닥쳤다.

　▽ 이지원이라고 알아?

저녁을 먹고 책상에 앉았을 때 내 폰에 도착한 디엠은 단 한 문장
이었다. 디엠을 보낸 이는 낯선 계정이었다.
'이지원? 내가 아는 그 이지원?'
이지원이라는 이름이 흔하기도 하고, 누군지도 밝히지 않은 사람
한테 아는 체하는 것도 별로 내키지 않았다.
'근데 혹시 이런 거 신고해야 하나?'

마침 요 며칠 전에 받은 사이버 범죄 수업이 떠올랐다. 선생님이 낯선 사람이 보낸 디엠을 함부로 누르면 안 된다고 신신당부했는데. 여러모로 찜찜해져서 나는 수락 대신 차단을 눌렀다.

그럼에도 시원치 않은 건 '이지원'이라는 이름 때문이다. 나는 결국 화면을 캡쳐해서 지원이에게 보냈다.

▽ 지원아, 나 이런 디엠 받음. ㅋ 누가 너 좋아하는 거 아님?

🔵 헐, 뭐임? 그래서 뭐라고 했는데?

▽ 뭐라고 하긴. 차단했지. 원래 그런 건 누르는 거 아니랬어.

🔵 ㅋㅋ

▽ 너는 안 받음?

🔵 나는 받으면 수락 눌러야겠다. '전데요?' 하고 말하게.

▽ ㅋㅋ 대박 웃기겠음.

사실 이때까지만 해도 나와 지원이는 키득거리며 심각하게 생각하지 않았다. 그런데 몇 분 지나 지원이가 다시 톡을 보냈을 때 상황이 완전히 달라졌다.

🔵 아름아, 이거 너만 받은 거 같지 않아.

▽ 어?

🔽 다른 애들도 나한테 물어보는데. 이거 디엠 보낸 사람 아냐고? 근데 난 몰라. ㅠㅠ

▽ 뭐지?

🔽 기분 나빠.

▽ 이런 스팸 엄청 많아! 네 이름이랑 똑같다고 신경 쓰지 말라고. ^^

🔽 어. 알았어.

나는 별 생각 없이 지원이에게 괜찮을 거라고 톡을 보낸 후 졸려 잠이 들었다.

다음 날 아침에 일어나자마자 톡이 잔뜩 와 있었다. 전부 지원이 가 보낸 톡이었다.

"허, 뭐야. 이거?

어제 별거 아니라고 넘긴 상황이 오늘 보니 심상치 않았다.

🔽 아름아. 나 어제 민주한테도 캡처 받았어. 오늘 학교 어케 가.

지원이가 보낸 톡에는 캡처 화면이 함께 들어 있었다.

캡처된 화면에는 '이지원 이중인격. 공부 좀 하지만 인성은 완전 바닥.'이라는 말과 함께 고양이를 발로 차는 것 같은 지원이의 모습 이 담겨 있었다. 딱 봐도 합성인 게 티가 났는데, 그런 사진을 만들었다는 것 자체가 엄청나게 불쾌했다.

　나는 서둘러 지원이에게 톡을 보냈다. 지원이는 밤새 잠을 못 잔 건지, 일찍 일어난 건지 바로 답을 보냈다.

　▽ 헐. 이거 누가 보낸 거래?
　🔻 몰라. 누군지. ㅠㅠ
　▽ 일단 사진 절대 지우지 마.
　🔻 어. 알았어. 어이가 없다.

나는 서둘러 학교 갈 준비를 했다.
'바로 신고부터 해야 할 텐데……'
　그 와중에 문득 수업 시간에 들은 게 떠올랐다. 나는 지원이에게 톡을 보냈다.

　▽ 지원아. 이거 부모님께 말해야 하지 않을까?
　🔻 아…… 걱정하실 텐데.
　▽ 그래도 아셔야 하는 게 맞을 거 같아. 너 혼자서 해결하려고 하지 마.
　🔻 그래. 알았어.

　지금 생각해 보면 그때 지원이가 부모님께 말씀드린 것이 백 번 생각해도 잘한 일이 되었다. 왜냐면 합성된 지원이 사진이 그 이후에도 여러 차례 다른 아이들에게 보내졌기 때문이다. 손쓸 틈 없이 벌어지는 일들에 지원이도 나도 허둥댔다.

그 후 지원이는 그 디엠들 때문에 무척이나 괴로운 시간을 보내야 했다. 누가 봐도 허접한 합성 사진인데도 몇몇 아이들은 지원이 뒤에서 쑥덕거리곤 했다. 대놓고 이야기하지는 않아도 은근히 지원이를 이중인격이라고 말하거나 거짓말을 하는 건가 의심하는 눈초리가 느껴졌다.

조종례 시간에 선생님은 지원이 일에 대해 이야기하며 다른 사람의 사진이나 신상을 공유하는 것은 학교 폭력이 될 수 있다고 말씀하셨다.

그래도 다행인 건 대다수 아이들이 지원이에게 "너 아닌 거 알아."라고 말하며 위로해 주었다는 것이다. 물론 지원이가 친구들의 위로조차 잘 받아들일 수 없을 만큼 속상해했지만. 곁에서 보는 나도 속이 상한데 당사자는 오죽할까.

할머니와 나는 제때 신고를 했으니 좋은 결과가 있을 거라고 지원이를 달래 주었다.

그저 답답하기만 한 몇 주가 지났고 중간고사가 끝났다.

"시험 망쳤다."

시험 마지막 날, 언덕길을 오르며 지원이는 끝내 인정하기 싫은 현실을 말했다. 나는 애써 그런 지원이를 달랬다.

"야, 네가 망쳐도 나보다야 낫지!"

"이렇게 어수선하게 시험 친 적은 처음이야."

지원이는 우울한 얼굴로 중얼거렸다. 나는 무슨 말을 해야 하나 한껏 고민했다. 다행히 목적지가 금세 눈앞에 나타났다. 덩달아 무슨 말을 해야 할지 생각났다.

"다 왔다! 내가 맛있는 거 만들어 줄게."

내 말을 듣고 지원이도 피식 웃었다.

"좋아!"

문을 열고 찻집에 들어가자마자 할머니가 반갑게 맞아 주셨다.

"애들아, 고생했다. 어서 들어오렴."

"네."

"아, 이번 시험은 정말 정말 어려웠어요."

지원이가 혀를 내두르며 말하자 할머니가 그런 지원이를 기특하게 바라보았다.

"그래. 여러모로 어려운 시간이었을 텐데 우리 지원이가 잘 버텨 주었구나."

"아니에요. 사실 저 지금도 막 화가 나고 속상해요."

"당연히 속상하지, 나도 화나는데."

나도 모르게 격한 목소리로 맞장구를 치자 지원이가 또 웃었다.

"같이 화내 줘서 되게 고마운 거 알지?"

지원이의 말에 괜히 마음이 뭉클해졌다. 사실 내가 해줄 수 있는 일이 아무것도 없어서 자꾸만 미안해졌다. 고작 같이 화를 내준 걸로 고맙다는 말을 듣다니. 더 미안해지는 것 같았다.

할머니가 우리 둘 앞에 물잔을 내려놓았다. 지원이는 목이 말랐는지 물을 벌컥벌컥 들이켰다.

"아, 시원하다."

"갈증이 심했나 보네."

"네. 진짜 속이 탔거든요."

"이제 좀 살 것 같지?"

"네. 근데요. 아직도 궁금해요. 왜 이런 일이 저한테 일어났을까요? 제가 뭘 잘못한 게 있다고."

"야, 네가 잘못한 게 뭐가 있어? 누군지 몰라도 부러우면 자기나 잘하면 되지 이게 뭐냐? 치사하게! 너 저번 시험 때 누가 네 노트 훔쳐 갔었다며. 분명 그 사람일 거야. 진짜!"

지원이는 아무 말도 하지 않았다. 할머니는 내 얘기를 다 듣고는 말씀하셨다.

"누군지 아주 치사한 짓을 했구나!"

"네. 맞아요."

"아름이 말처럼, 이런 일의 원인을 자신에게 찾는 건 좋지 않은 방법 같아. 그리고……."

할머니는 쓰게 웃었다.

"그 누군가도 편치는 않을 거란다. 어쩌면 지원이 너 못지않게 고통받고 있을지도 모르지."

"네? 그게 무슨 말씀이세요?"

나와 지원이가 의아한 얼굴로 할머니를 보았다.

"시기란 감정이 그렇거든. 다른 사람이 부러워서, 샘나서 그 사람을 시기하고 깎아내리는 마음이지. 사실 그런 감정은 흔하기도 해. 오죽이나 많으면 '사촌이 땅을 사면 배가 아프다.' 같은 속담까지 생겼겠니? 물론 부럽다고 해서 모두 이런 짓을 저지르는 건 아니야. 남에게 해를 끼치는 행동까지 하게 되었다면 이미 스스로 이 감정을 조절할 수 없게 되었다는 방증이란다. 감정에 휘둘린 채 상대를 괴롭히는 행동까지 하는 거지. 그러니 그 사람은 얼마나 괴롭겠어? 남에게 해를 끼친다는 건 자신도 불행해지는 지름길이란다."

지원이는 골똘히 생각에 잠기다 말했다.

"설령 그 사람이 저보다 더 불행한 상태라 해도 막 시원한 기분이 들지는 않네요."

할머니는 지원이의 말에 고개를 끄덕였다.

"그래. 다른 사람의 불행에 기쁜 상황이 된다는 것도 어쩌면 좀 씁쓸한 일이니까."

"그래도 굳이 이렇게 해야 했을까 싶어요. 수사하면 벌도 받게 되고, 저를 시기하고 미워하는 마음보다 그 행동을 하는 마음이 더 처참할 것 같아요."

"그 부러워하는 마음을 잘만 사용해도 자신에게 큰 도움이 될 수 있을 텐데. 안타깝구나."

"도움이 된다고요?"

"그렇지. 운동선수들이 라이벌 의식을 가지면 더욱 좋은 성적을 내는 것처럼. 부러운 마음을 솔직하게 인정하고, 그 상대방의 부러운 점을 목표 삼아 자신을 발전시키는 행동을 했다면 어땠을까 싶구나."

할머니의 말을 듣다가 나는 가만히 생각했다.

만약에 나라면? 이런 생각이 자꾸 맴돌았다.

"저는요. 누군가 부러워한 적은 많아도 꼭 그 사람처럼 내가 변화해야 한다고 생각한 적은 없어요. 그래서 성적이 이 모양인가 싶기도 하지만. 하지만…… 언제나 이겨야 되는 승부를 겨루고 있는 건 아니잖아요. 전 그냥…… 부러운 마음만 인정하면 되지 않을까요? 물론 그것도 용기가 필요할 때도 있지만 말이에요."

내가 말을 마치자 할머니와 지원이는 아무 말도 하지 않고 나를 보았다. 찻집에 흐르는 침묵에 뭔가 잘못 말했나 싶어 얼굴이 빨개졌다. 그때였다.

"우아!"

지원이와 할머니가 짧게 환호했다.

"아름아, 말 진짜 잘한다."

"뭐?"

내가 어쩔 줄 몰라 하자 할머니가 웃으며 말했다.

"아름이 네 말처럼 자신의 욕망을 인정하는 용기가 필요해. 그래야 자기 자신을 제대로 보고 더 나아갈 수 있을 테니까! 아마 이번 사건을 일으킨 사람도 그런 용기가 필요할 것 같네."

지원이는 어느새 어수선한 기분이 싹 가셨는지 예의 활기찬 목소리로 물었다.

"할머니, 이런 마음에 어울리는 음료는 없어요?"

"지금 네가 마시고 있잖니?"

"엥? 이거요?"

지원이는 얼음이 모두 녹아 버린 투명한 물컵을 들어 올렸다.

"그래, 무엇이든 될 수 있는 물!"

"무엇이든 될 수 있다고요?"

"그래, 물은 거기에 어떤 것을 넣느냐에 따라 달라지지 않니? 시기심을 넣을 것인지 자신의 마음을 인정할 용기를 넣을 것인지. 그것에 따라 그 물은 아주 달라질 거야. 이 투명한 물이 우리에게 어떤 마음을 선택할 것인지 묻고 있는 거 같은데, 안 그러냐?"

나는 고개를 끄덕였다. 앞으로 이 일로 지원이는 한동안 답답하고 속상한 일을 겪을 수도 있을 거다. 하지만 나는 지원이의 일을 모른척하지 않을 거다. 지원이도 더는 이 일에 휘둘리지 않도록 용기 내어 해결하려고 들 것이다.

그리고 우리 앞에는 언제나 맑은 물 한잔 같은 마음이 놓여 있다는 걸 깨달았다. 우리가 어떤 마음을 넣느냐에 따라 나를 이끄는 힘이 될 수도 있고 또 나를 망가뜨리는 독이 될 수 있다는 걸 알게 되었다.

질투가
나의 힘이 되려면,

물

잘 알려져 있다시피 물은 우리 몸의 70퍼센트를 차지해. 사흘 정도만 물을 마시지 못해도 생명을 잃을 수도 있어. 그러니까 물은 공기처럼 생존을 위한 필수템이지. 문명의 발상지들이 강을 끼고 있고, 생명의 근원을 따라 올라가면 바다와 만나. 물이 생명을 지탱하는 존재가 된다는 데 이의를 제기하는 사람도 없을 거야.

하지만 북극의 빙하가 녹고 해수면이 높아지면 물은 더 이상 생명을 지탱하는 존재가 되지 못해. 오히려 물은 인류의 생명을 위협하는 아주 무서운 존재가 되어 버리지. 엄청나게 많은 비를 뿌려 홍수나 태풍이 일어난다든가, 바짝바짝 물이 말라붙어 먹을 것이 사라진다든가. 그렇게 물은 순식간에 모든 것을 앗아가겠지.

이런 양면의 성질 때문인지 마음은 종종 호수나 바다와 같은 물에

빗대어지기도 해. 물을 닮은 마음에도 태풍이 불고 해일이 일어날 때가 있어. 미움, 화, 열등감 등이 똘똘 뭉쳐 만들어 내는 질투, 시기심과 같은 감정이야말로 마음에 부는 태풍이지 않을까.

질투와 시기심은

나를 기준으로 생겨나는 것

모든 감정이 그렇겠지만 누군가를 부러워하는 마음 역시 인간이라면 누구나 가지고 있는 감정이야. 그리고 좀 복잡한 감정이기도 해. 부러워하는 마음 안에는 두려움, 수치심, 화, 열등감, 미움 등의 감정이 조금씩 섞여 있기 때문이야. 대체로 부러움은 질투 혹은 시기심이라는 마음으로 표현될 수 있어.

학자에 따라 이 둘은 엄격하게 구분되기도 하지만 질투나 시기심 모두 기준이 '나'라는 점에서는 같아. 흔히 질투는 애착 관계, '내' 곁에 두고 싶은 사람들, 혹은 '나'보다 좋은 처지에 있는 사람들을 중심으로 생긴다고들 해. 이성 친구가 다른 사람들을 만난다든가, 부모님이나 친척들이 동생이나 형, 오빠나 누나를 나보다 더 예뻐하는 것 같을 때도 생겨나. 내가 소중하게 여기는 사람들이 '나'를 소홀히 대한다고 여길 때 생겨나지. 이 마음이 제대로 인정받지 못하면 다른 사람을 해칠 수도 있는, 위험한 마음이 돼.

이 마음으로 인생을 망친 대표 주자가 있어. 바로 백설 공주의 경쟁자 왕비야. 왕비는 언제나 거울 앞에서 "거울아, 거울아, 누가 세상에서 제일 예쁘니?"라고 물었어. 그런데 말이야. 왕비가 거울에게 이 질문을 하기까지 무엇을 했을지 생각해 본 적 있니?

아침에 일어나 부스스한 머리를 한 채 며칠째 씻지도 못한 얼굴로 여기저기 헤진 옷을 걸치고 거울 앞에 서진 않았을 거야. 아마 모르긴 몰라도 아름다움의 순위를 결정해 주는 거울 앞에 서기까지 왕비는 자신을 더 아름답게 보이기 위해 엄청나게 노력했을 거야. 공을 들이고 신경을 쓰는 것이 많아졌겠지. 그런데 이렇게 노력하는 자신에 비해 아무 옷이나 막 걸친 백설 공주가 예쁘다고 하니 왕비는 그 사실을 받아들이는 게 너무 힘들지 않았을까? 누구나 가질 수 있는 바로 이런 마음에 질투와 시기심은 튀어나올 준비를 하고 있어. 마치 백설 공주만 없으면 된다고 여기던 왕비처럼. 미워하고 원망할 대상을 찾으면서 말이야. 하지만 그 대상이 사라진다고 해서 시기심이 없어지지는 않을 거야. 시기심은 상대방의 문제가 아니라 자신의 문제이거든. 나에 대한 불만, 나 자신을 낮게 보는 마음에서 기인하기 때문이야.

어쩌면 왕비는 자기 스스로를 인정해 주지 못해서 거울에게 인정을 받으려 했을지도 몰라. 스스로를 인정해 주지 못한 탓에 남을 시기하고 원망하게 된 거라면 해결 방법은 자신을 스스로 인정해 주는 일에서부터 시작해야 해. 남과의 비교에서 끊임없이 힘겨웠던 자신을 반성하고 스스로 사랑해야겠다는 한 편의 시를 소개해 볼게.

'질투는 나의 힘'이라는 기형도 시인의 시야. 질투가 힘이라니? 이게 무슨 소리인가 싶지?

하지만 시 속의 화자는 질투심이 자신을 스스로 사랑하지 못하게 했다는 것을 깨닫고 스스로를 사랑하기로 다짐해. 이런 경우라면 잠시 질투로 힘든 시간을 보내긴 했지만 자신에게는 훨씬 도움이 되는 마음이 아닐까? 누군가와 자꾸 비교하고 다른 사람을 시기하던 마음이 있었기에 그 마음이 하고 싶었던 말이 무엇인지 생각하게 되었으니 말이야. 아마도 그 말은 "너도 충분히 사랑받을 만해! 그러니까 자기 자신부터 사랑해 보는 게 어때?"였을 거야.

이제 내 마음속에서 누군가를 향한 시기나 질투가 느껴진다면 그것을 '지금 자기 자신을 더욱 사랑해 줄 때'라고 여기는 신호로 생각하는 건 어떨까? 생각해 봐. 내가 나 자신을 아끼고 사랑해 주지 않는다면 누가 더 나를 사랑해 주겠어. 나 자신은 가장 강력한 나의 편이야. 자기 자신이 한없이 부족하게 느껴진다면 자신에게 이렇게 말해 주었으면 해. "이대로도 충분히 괜찮아."라고.

어쩌면 충분히 괜찮은데도 우리를 둘러싼 세상이 너무 많은 비교 대상과 기준을 우리에게 요구하고 있어서 부족해 보이는 것일지도 몰라. 우리는 수시로 누군가를 부러워하고, 그들보다 나아져야 한다고 여기는 경쟁 사회를 살아가고 있으니까. 그러니까 누군가가 부럽고 미워지는 마음이 들 때면 그 마음이 건네는 말을 더 귀 기울여 들었으면 해.

자신을 있는 그대로 인정하고 받아들이는 일은 생각보다 쉽지 않을지 몰라. 하지만 그것을 인정하고 스스로를 사랑하도록 마음먹는 과정에서 우리는 한층 더 성숙해지고 또 나와 다른 사람을 이해하게 될 수 있어. 우리는 그 누구보다 우리 자신을 제일 사랑해 주어야만 해. 그럴 때 비로소 시의 제목처럼 질투는 나에게 힘이 되어 줄 수 있을 거야.

시기와 질투로 인한 고통은
자신이 가장 크다는 것

누군가를 시기하고 질투하는 일은 생각보다 많은 에너지가 소모돼. 그 사람을 내내 신경 쓰고, 잘되지 않았으면 하고 바라는 마음에는 부끄러움과 죄책감도 동반해. 당연히 힘이 들지 않을까? 이런 마음이 떳떳하지 않다는 것을 스스로도 잘 알고 있을 테니 말이야. '지금 내가 뭐하고 있지?', '이러면 안 되는데.'와 같이 현실을 자각하는 순간이 오는 거지.

그럼 이런 감정을 어떻게 해결하면 좋을까? 시기하는 마음을 부정하는 것은 결코 해결책이 되지 못해. 아닌 척, 괜찮은 척하며 회피하거나 감정 자체를 부정하는 건 결국 더욱 심한 마음의 문제를 불러올 수 있거든.

지금 내 곁에 있는 사람들에게 손을 내밀고 힘든 마음을 솔직하게 털어놓는 것도 도움이 될 거야. 궁극적으로는 자기 자신을 아껴주고 사랑해야만 해. 그렇게 되면 누군가로부터 사랑을 받아야 채워지는 마음에도 조금 여유가 생길 거야. 그래야 곁에 있는 다른 사람을 그대로 인정해 주고, 닮고 싶고, 부러워하는 마음을 자기 자신을 발전시키는 힘으로 쓸 수 있을 테니까. 자신의 부족함을 인정하는 일, 자신이 원하는 바를 분명하게 찾는 일부터 해보면 좋겠어. 그렇게 노력한다면 시기와 질투는 네가 세상을 향해 한 걸음 더 나아가는 데 큰 힘이 되어 줄 거야!

우리가 느끼는 질투심에 대해 말하고
삶에서 무엇이 부족한 것인지 찾자.
부족한 부분을 해결할 방법을 알아내자.

_ 일자 샌드

자신이 원하는 바,
그것을 분명하게 찾아보자.
부러우면 지는 게 아니라
부러운데 아무것도 안 하니까
지는 거야.

화에 숨어 있는
진짜 속마음을 본다면

#화

"아름아, 저 두 사람은 아까부터 무슨 얘길 하는 걸까?"

할머니가 묻자 내 시선은 창문 밖을 향했다. 아까부터 창문 밖에 두 사람이 마주 보고 있었다.

흰색 패딩을 입은 남자아이와 검은 코트를 입은 아주머니였다. 어떤 말을 주고받는지 들리지 않아도 알 수 있을 것 같았다. 아이가 말을 할 때마다 아주머니의 얼굴이 사정없이 구겨졌기 때문이다. 남자아이도 어찌나 성난 표정인지 눈에서 불꽃이라도 일 것 같았다.

창문 밖에서 펼쳐지는 소리 없는 전쟁에 나는 자꾸만 시선을 빼앗겼는데, 그건 할머니도 마찬가지였나 보다.

"둘 다 엄청 화 난 것 같아요. 그렇죠?"

"흐음. 그러게. 얼굴이 붉으락푸르락하는구나."

어쩐지 대놓고 보기에는 민망해져서 할머니와 나는 창문 앞 탁자를 닦으면서, 또 바닥을 청소하면서 슬그머니 창문 밖 상황을 훔쳐보았다.

둘의 싸움은 오래 이어졌다. 이 겨울에 밖에 서서 춥지도 않은 모양이다. 하긴 두 사람 모두 화가 열로 바뀌었는지 얼굴이 다 벌겠다.

어딘가에 숨어 있던 루아조차 테라스의 울타리 위로 폴짝 뛰어올라 재미난 구경이나 되듯 둘을 바라보고 있었다. 나는 루아가 추울까 싶어서 얼른 문을 열고 루아를 불렀다.

"루아야."

루아가 나를 보곤 스르르 가게 안으로 들어왔다. 그때 남자아이의 굵은 목소리가 가게 안으로 흘러 들어왔다.

"잔소리 좀 그만해! 지겨워, 진짜!"

"너, 지금 그게 어디서 배워 먹은 버르장머리야!"

순간 두 사람의 목소리가 차가운 겨울 공기처럼 날카롭게 긁고 지나가는 것 같았다. 아빠의 얼굴이 불현듯 떠올랐기 때문이다.

우리도 저랬을까?

상처를 주고 싶지 않으면서도 상처가 될 말만 골라 하는 상황이 어쩐지 아빠와 나의 모습과 비슷해 보였다. 남자아이가 "어우씨!" 큰 소리를 치더니 등을 돌려 언덕을 휙 하고 내려갔다. 아주머니는 갑자기 혼자 남겨진 채 한동안 서 있었다. 남자아이를 따라서 내려

갈 생각도 안 하는 것 같았다.

얼마 후 할머니가 문을 열고 나갔다.

"괜찮으면 들어와서 차 한 잔 하고 가요."

"아, 아니에요."

할머니가 말하자 아주머니는 괜찮다고 손을 계속 저었다.

"그러지 말고 들어와요. 지금 그러고 가면 화병 나요. 화병."

아주머니는 할머니의 말에 얼굴을 붉혔다. 아마 가게 앞에서 소리를 지르고 싸운 모습을 고스란히 보였다는 것이 민망한 거겠지.

화병. 화병이 날 거라는 말에는 나도 동의한다. 원래 할 말을 다 못하고 마음에 담아 두면 병이 되는 법이다. 그걸 누구보다 뼈저리게 겪은 게 나였으니까.

딸랑.

문이 열리면서 종이 울렸다. 나는 아무것도 모르는 척 인사를 건넸다.

"어서 오세요."

아주머니는 겨우 고개만 까닥거리고는 우리가 흘끔댔던 창문 앞 탁자에 앉았다.

"다 보셨겠어요."

아주머니가 어렵게 말을 꺼냈다.

"아무래도요."

할머니가 무겁지 않게 대답해서일까? 아주머니는 따지지도, 부끄러워하지도 않았다. 그저 앞에 놓인 따뜻한 물 한잔을 손으로 감싸 쥐었다.

"착한 아이인데 요즘은 계속 화가 나 있어요. 이유를 물어도 아무것도 아니라고 신경 쓸 거 없다고 하고 말이죠. 부끄럽네요."

"부끄럽기는요. 사는 게 다 그렇죠."

할머니는 별일 아니라는 듯 말을 건넸다. 그것이 고마운지 아주머니는 슬쩍 미소 지었다.

"밖이 많이 추웠을 텐데 따뜻한 차 한잔 대접할게요. 마침 좋은 쌍화차가 있어요."

나는 할머니와 아주머니의 대화를 듣고 냉큼 쌍화청을 가지러 갔다. 쌍화청이 담긴 병에는 이런 라벨이 붙어 있었다.

'이해받지 못한 이에게 위로를'

역시 기대를 저버리지 않는군. 할머니의 청에는 늘 독특한 이름이 붙어 있었는데, 이 쌍화청 이름도 특이했다. 이해받지 못한 이에게 위로라니?

나는 큰 숟가락으로 청을 덜어 내어 차를 만들었다. 쟁반 위에 찻잔을 올리고 테이블로 다가가니 어느새 할머니가 아주머니 맞은편에 앉아 계셨다. 그뿐만이 아니었다.

설마 우시는 거야?

아주머니가 훌쩍거리며 휴지로 연신 눈이며 코를 닦아 냈다. 나는 주춤거리며 테이블 위에 찻잔을 올려놓았다.

그때였다. 갑자기 아주머니가 내게 말을 걸었다.

"학생, 우리 아들이랑 비슷한 또래 같은데, 좀 물어봐도 될까?"

"뭐, 뭘요."

나는 난처한 얼굴로 말을 얼버무렸다. 그때 절박해 보이는 아주머니 얼굴에서 왠지 아빠의 표정이 읽혔다. 얼마나 답답하면 처음 보는 여자아이에게 의견을 구할까. 나는 무슨 말이라도 해야 할 것 같은 기분이 들었다.

그렇게 나도 그 테이블에 함께 앉았다.

한동안 아주머니의 이야기를 들으니 역시나 우리 아빠와 내 상황과 비슷했다. 우리는 한 가족이라는 사실이 거짓말인 것처럼, 낯선 사람들마냥, 아니 낯선 사람들보다 더 모질게 굴었다. 마치 북극에 사는 사람과 적도에 사는 사람들처럼 서로 다른 생각과 처한 상황을 이해하지 못했다.

그럼에도 아빠와 나는 좋았던 시절을 기억하고는 있었다. 온 가족이 함께 즐거웠던 기억은 말도 못할 향수를 불러일으키곤 했다. 아빠는 그렇게 나한테 한 번씩 다가오려고 했지만 희한하게도 그때마다 나는 아빠와 엇갈렸다.

아주머니도 마찬가지였다. 아들과 화해하고 싶은 마음에 모처럼 나왔지만 결과는 점심도 못 먹고 길거리에서 싸우다가 헤어졌다.

"사춘기라 그런 건지. 아무리 생각해도 걔가 이해가 안 돼."

아주머니는 씁쓸하게 읊조렸다. 그제야 나는 쌍화청에 붙어 있던 '이해받지 못한 이에게 위로를'이라는 라벨이 떠올랐다. 순간 나도 모르게 말이 튀어나왔다.

"위로가 필요한 거였을지도 몰라요."

내 말에 아주머니가 나를 보았다.

"아까 아드님이요. 어쩌면 그냥 위로해 주기를 원했을지도 몰라요. '너도 힘들지?'하고요."

"걔는 맨날 힘들다고 해. 다들 그만큼은 하는데 유독 더 그런다고. 그때마다 어떻게 위로를 해?"

아주머니가 진저리 치는 얼굴로 대꾸했다. 계속 같은 대화만 반복하다 지쳐 멀어지는 과정은 아빠와 나도 경험해서 잘 알고 있다.

"아주머니가 보기에는 맨날 하는 투정처럼 들리겠죠. 하지만 아마 아드님은 정말 불안하고 힘들 거예요. 저도 그랬거든요. 물론 아주머니가 보시기에는 아무것도 안 하고 노는 것처럼 보일지라도요. 아무 생각이 없는 애들은 없어요. 생각이 너무 많아서 이젠 뭘 생각해야 하는 것인지 모를 지경인데요. 근데 주변을 보면 다들 괜찮아 보이고 어려운 것도 없어 보여요. 그래서 나도 괜찮은 척하는 것뿐

145

이에요."

"괜찮은 척하는 거라고?"

아주머니가 내 말에 관심을 보이자 나는 더 용기를 내어 다시 말했다.

"네. 그리고 이건 그냥 제 생각이지만요. 위로는 아무리 많이 해줘도 부족해요. 위로받을 데가 별로 없거든요. 집에서 위로를 받고 싶어도 어느 순간부터 혼만 나요. 어릴 때는 뭘 잘못해도 다 괜찮다고 그랬는데, 왜 이제는 그런 말을 안 해주죠? 맨날 '넌 뭐가 문제니? 하는 게 뭐 있니?' 이런 말만 듣잖아요. 그러니까 슬퍼지고, 화나고."

나는 순간 목이 메었다. 그동안 화가 나고 속상했던 일들이 생각났다. 그때마다 내가 위로를 받고 싶어 했었다는 걸 말하면서 깨달았다.

아주머니는 그런 나를 한동안 바라보다가 천천히 입을 뗐다.

"그래. 사실 나도 그런 생각이 들었어. 아이한테 좀 더 다정하게 말했어야 했는데. 왜 매번 지나고 나서야 그 생각이 드는지……. 결국 화만 내고 자꾸 후회를 하는 것 같아. 진짜 하고 싶은 말은 그런 게 아니었는데."

아주머니는 쓸쓸한 표정을 지었다. 그 얼굴이 무척 아파 보여 나는 순간 뭐라도 위로의 말을 건네고 싶어졌다. 어쩌면 아빠도 아주머니처럼 저렇게 속상해했을까?

조용히 이야기를 듣던 할머니가 물었다.

"진짜 하고 싶었던 말은 따로 있었군요."

"네. 그래요. 오늘도 사실 우리 애가 좋아하는 음식을 사주면서 함께 좋은 시간을 보내고 싶었어요. 아이가 지쳐 보였거든요. 힘이 되어 주고 싶었지요."

"그런데 결국 싸우고 말았네요."

"제가 참았어야 되는데, 그게 잘 안 되더라고요. 참 우습지요. 어른인 제가 이해하고 아이를 감싸 줘야 하는데 길거리에서 같이 화내고 있으니 말이에요."

"화를 내지 않는 사람은 없답니다. 다만 어떻게 화내느냐가 중요하죠."

할머니는 지긋이 미소 지으며 차를 마셨다.

"한번쯤 이런 생각을 해보는 것도 도움이 된답니다. 내가 왜 화를 내는지, 정말 이 일 때문에 화가 난 게 맞는지 말이에요. 예를 들면, 예전에 저는 계획한 대로 일이 되지 않으면 무척 화가 났었답니다. 그렇게 화가 날 때면 주위 사람에게 고스란히 드러냈지요. 영문도 모르고 당한 사람들이 꽤 있었어요."

"할머니도 그런 적이 있었다고요?"

정말 의외였다. 할머니는 왠지 그런 감정을 다스리는 데 통달한 사람처럼 느껴졌으니까.

"그럼. 왜 화가 나는지도 모르고 그때는 그냥 기분 탓인 줄로 알았지. 나중에 곰곰 생각해 보니 내가 계획에 대한 강박관념이 심하더구나. 그래서 화가 날 때는 그렇게 한 번씩 생각해 본단다. 이거 내가 계획에 집착하고 있는 건 아닌지. 그렇게 마음을 살펴보고 나니 화를 내는 것을 다스릴 수 있게 되었지."

아주머니는 할머니의 말을 듣고 가만히 생각에 잠겼다.

"저는…… 아이가 저를 무시하는 말을 할 때면 화가 치밀더라고요."

"무시한다고요?"

"네. 빈정거리는 말투로 대꾸하고 저와 눈도 안 마주치려고 하면. 그렇게나 속상했어요. 왜 엄마를 그렇게 대하는지. 너무 슬퍼서…… 화를 낸 것 같아요."

"……."

"사실 요즘 일하면서도 제가 밀려나는 기분이 들었거든요. 그런데 아들래미까지 저를 투명인간 취급하니 너무, 너무 속이 상해서. 이제 너도 엄마를 무시하는구나. 내가 그렇게나 못난 사람인가……."

아주머니의 목소리가 점점 작아졌다. 나는 가슴을 바늘로 콕콕 찌르는 기분이 들었다. 나도 모르게 아주머니의 손을 덥석 잡고 말았다. 아주머니는 놀란 눈으로 나를 보았다.

"제가 보장해요. 아드님은 절대 아주머니를 무시해서 그런 건 아닐 거예요. 왜냐면…… 저도 아빠랑 그렇게 다투거든요. 근데 절대 아빠를 무시해서 그렇게 하는 건 아니에요. 그냥 저도 화가 나면 속상해서 말을 해버리고. 아빠가 있는데도 없는 것처럼 행동해 버려요. 그리고 나서 엄청나게 후회해요. '내가 왜 그랬지?' 하면서."

"……."

"실은 위로를 받고 싶은데 화를 냈던 것 같아요. 아드님도 그럴 거예요. 아주머니가 그런 마음이었다는 걸 알면 절대 그렇게 화내지 않았을 거예요."

내 말에 아주머니는 천천히 고개를 끄덕였다. 어쩐지 눈가가 반짝이는 것이 눈물이 맺혀 있는 것 같았다. 아주머니는 다른 손을 내손 위에 올려 따뜻하게 감싸 주었다.

"그래. 고맙다. 그렇게 말해 줘서."

아주머니는 한결 홀가분한 얼굴로 찻잔을 비웠다. 찻잔에 담긴 것이 차가 아닌, 위로라도 되었던 것처럼.

"한 번도 생각해 본 적이 없었는데, 나도 위로를 받고 싶었던 것 같아. 내가 왜 화를 내는지 생각해 볼 수 있어서 다행이야. 이제부터라도 아들한테 좀 더 솔직하게 말해 봐야겠어. 서로 더 다독여 주자고."

언덕을 내려가는 아주머니의 발걸음이 아까보다 훨씬 가벼워 보였다. 나는 문득 아빠 생각이 났다.

아빠가 화를 낼 때, 어떤 마음이 건드려졌을까? 무엇이 아프고 속상해서 화가 나게 된 걸까?

한 번도 궁금해하지 않았던 것이 궁금해졌다.

이해받지 못한 감정에게
위로를,

쌍-화-차 雙和茶

백작약, 숙지황, 황기, 천궁, 대추, 당귀, 계피, 감초까지 이름만 들어도 기운이 생길 것 같은 이 약재들은 쌍화차를 만드는 재료들이야. 이 많은 재료들이 들어간 쌍화차의 효능은 몸의 기운을 높여 주는 것이라고 해. 쌍화(雙和)라는 이름처럼 서로 합하여 우리 몸에 온화함, 평화를 찾아 주는 차이지. 하지만 몸의 평화만큼이나 마음의 평화도 중요해. 몸에 좋은 걸 아무리 먹어도 마음이 편안하지 못하면 무슨 소용이 있겠니?

이 마음의 평화를 깨는 감정의 주범 중에는 '화'가 있어. 그렇다면 화는 나쁜 감정일까?

카푸친 원숭이

실험

2003년 학술지 〈네이처〉에 흥미로운 논문이 하나 실렸어. 영장류를 연구하는 세라 브로스넌 박사와 프란스 드발 박사가 카푸친 원숭이 두 마리를 대상으로 한 실험이었어. 논문의 제목은 '원숭이들이 불평등한 임금을 거부하다(Monkeys reject unequal pay)'였어. 원숭이가 일을 하는 것도 아닌데, 임금이라니 무슨 말인가 싶지? 실험의 내용을 간단하게 설명해 볼게.

원숭이는 서로가 보이는 투명한 상자 안에 나란히 있어. 투명한 상자는 원숭이들이 팔이 들락날락할 수 있을 만한 구멍이 뚫려 있고 바닥에는 돌이 있어. 원숭이의 일은 돌을 꺼내 실험자에게 건네는 거야. 그럼 돌을 건네받은 실험자가 보상(임금)을 주는 식이지. 이때 원숭이들은 서로가 무엇을 받는지 훤히 볼 수 있어. 하지만 실험자는 한쪽 원숭이에게는 오이만, 다른 원숭이에는 포도만 보상(임금)으로 줘. 원숭이는 포도를 오이보다 한 10배쯤 좋아하는데 말이야. 실험은 어떻게 되었을까?

처음에는 돌을 건네고 각각 오이와 포도를 받아먹었어. 하지만 실험이 반복되자 오이를 건네받은 원숭이가 화를 내. 옆에 있는 원숭이는 계속 포도를 받았거든. 그럼 화를 어떻게 냈을까? 오이를 집어던지고 바닥을 치고 상자를 흔들어. 그런데도 변화가 없자 결국에는 아무것도 하지 않아. 사람으로 치자면 파업을 선언한 거지.

이 실험이 궁금하다면 '카푸친 원숭이 실험'이라고 검색해 봐. 그럼 화를 내는 원숭이의 모습이 나오는 영상들을 쉽게 찾을 수 있을 거야. 그런데 말이야, 화를 내는 원숭이의 모습보다 더 중요한 건 '원숭이가 왜 화를 냈을까?'야. 원숭이는 왜 화가 난 거지?

그래, 오이를 받은 원숭이는 같은 일에 대한 보상이 다른 것에 대해 부당하다고 느꼈기 때문이야. 부당함과 불평등함이 원숭이를 화나게 만든 거야. 그럼 사람은 어때? 사람도 부당함과 불평등하다고 느낄 때 화를 내지 않아? 영상을 찾아보면 알겠지만 화를 내는 카푸친 원숭이의 모습이 낯설지 않게 보여. 그건 사람의 모습과 비슷하기 때문일 거야.

부당하고 불평등하다고 느껴질 때 나타나는 '화'라는 감정. 이 화가 어떤 의미를 가지고 있는 건지 알겠니? 화는 부당하고 불평등한 상황을 인식했음을 표현하는 것이고 동시에 이 상황을 바꿔 보려는 의지인 셈이야.

'존중받지 못했음'에
대한 화

세상의 많은 갈등은 불평등과 관련이 있어. 공평하지 않다는 느낌, 나만 손해 보고 있다는 느낌은 화를 유발하고 갈등을 부추겨. 주변을 둘러봐. 정치, 젠더, 노사 갈등과 같은 굵직굵직한 사회 문제부터 교실, 집, 친구들 사이에서 일어나는 소소한 일들에서도 얼마든지 느낄 수 있어. 그러다 툭 하고 튀어나오는 말들이 있어. "왜 나만 ○○해야 해?", "왜 나만 빼고 ○○해?", "너는 내가 우스워?"와 같은 말들이야.

이런 말들의 이면에는 자신이 속한 사회와의 관계를 생각해 보게 해. 자신이 속한 사회나 집단에서 존중받지 못하는 느낌이 들 때 우리는 부당하다는 생각을 하게 돼. 그때 화라는 감정은 삐릿삐릿 안테나를 세우는 거야. 화는 나쁜 감정이 아니라 자기 존재 가치에 대한 자기 존중감과 관련 있어. 그런데 우리는 수시로 자기 존중감에 상처를 입어. 이야기 속 아주머니도 마찬가지였어. 아들이 자신을 무시하는 태도에 아주머니의 자기 존중감은 상처를 입은 거지. 아들도 마찬가지였을 거야. 이 둘이 낸 화가 하고 싶었던 말은 뭘까?

이럴 때 우리는 어떻게 해야 하는 걸까? 나를 존중하지 않는 네가 기분 나쁘다고 덜컥 화부터 내고 봐야 하는 걸까? 잘못된 방식으로 화를 드러내는 건 오히려 서로의 마음에 불을 활활 지피우는 것밖에 되지 않아. 이럴 땐 우선 숨을 크게 쉬고 생각해 봐야 해. 왜 화가 나고 있는지부터 말이야. 그리고 화가 하고 싶은 말에 귀 기울여야 해.

자기 존중감이 상처 입었다고 보내는 화의 신호를 잘 알아차리지 못하면 원래 내가 부족한 사람인가 보다 하고 자존감이 낮아질 수도 있어. 그건 화가 보낸 신호를 잘못 알아차리는 거야. 화는 자신의 존재를 낮추려는 게 아니라 자신의 존재감을 뿜어내고 싶은 마음이야. 그러니까 화가 날 땐 화가 나는 이유를 잘 살피고 그 이유의 끝에 만나게 될 '나'를 잘 보듬어 주면 좋겠어.

그리고 날카로운 목소리 대신 차분하게 상대방에게 이야기하는 연습을 해 봐. "지금 나는 ○○때문에 무시당한 기분이 들어, 존중받지 못하고 있는 것 같다."고 말이야.

물론 어려운 일인 거 알아. 상대방의 반응이 걱정될 수도 있어. 하지만 너의 마음을 말하지 않으면 상대방은 영영 네 화와 상처를 이해하지 못할 수 있고 너의 마음도 영영 회복하지 못할 수 있다는 걸 기억해 주길 바라.

'올바른 화'인지를 고민해야 하는
세상에서

화는 혼자서도 낼 수 있지만 함께 낼 수도 있어. 자신과 직접 관련이 없어도 거대한 기업의 비리, 국가의 폭력, 불평등에 이르기까지, 지금까지 많은 사람들이 함께 화를 낸 결과로 우리 사회는 조금 더 나은 방향으로 나아갔어. 대표적인 사례로는 부당함을 저지른 대상을 향한 보이콧, 불매운동, 해시태그 등이 있지.

하지만 익명의 댓글처럼 분노를 표현하고, 무분별하게 누군가를 공격하는 방식으로는 절대 세상을 바꿀 수 없다는 것도 알았으면 해. 많은 사람들이 화가 났다면 우리는 화가 난 이유를 알아야 해. 무작정 화내기보다는, 그것이 마땅한 화인지, 그리고 그 문제를 바꿀 방법을 함께 고민해야만 해. 시도 때도 없이 마음이 울컥하는 순간마다 화내는 사람과 함께하고 싶은 사람은 없을 테니까 말이야. 그렇다고 모든 순간 진정하고 참으라는 얘기는 절대 아니야. 화가 나는 순간이야말로 지금 화가 마땅한지, 내가 화가 나는 이유가 뭔지를 생각하고 따져 봐야 할 순간이라는 거야.

아리스토텔레스는 누구나 화를 낼 수 있지만 올바른 사람에게 올바른 방법으로 화를 내는 일이 어렵다고 했어. 우리가 사는 세상의 복잡성이 더해질수록 우리는 '마땅한 화'인지를 잘 성찰해야만 해.

화를 내면 주위의 사람들은
많은 상처를 입는다.
그러나 그것보다 더 큰 상처를 입는 사람은
바로 화를 내는 당사자다.

_레프 톨스토이

다들 경험으로 화를 내는 일도
쉬운 게 아니라는 건 알고 있을 거야.
기왕에 이렇게 힘든 일을 하는 거라면,
화가 날 때 잠시 숨을 고르고
생각해 보는 건 어떨까?
지금 화를 내는 이유가 무엇인지,
화를 낼 만한 일인지. 적절한 때인지도 말이야.
그런데도 화를 내야 할 일이라면
참지 말고 똑바로 말하도록 해!
침착하고 당당하게!

만약 그때
다른 선택을 했다면

#후회

딸랑.

문이 열리고 중년의 남자가 들어오더니 나를 보고는 멈췄다. 나는 습관적으로 인사를 하려다 멈칫했다.

때마침 딸꾹질이 나왔다.

"딸꾹. 어…… . 아…… 빠?"

분위기는 순식간에 얼어붙었다. 얼음 같은 분위기를 깬 건 할머니였다. 할머니가 홀에 우뚝 선 나와 아빠를 보더니 반갑게 말했다.

"안녕하세요? 아름이 아버지."

"아, 네. 감사합니다. 잘 지내셨죠?"

잘…… 지내셨죠? 마치 아는 사이 같잖아?

나는 어안이 벙벙해졌다. 아빠는 자리에 앉아 나를 보며 어색하기 그지없는 얼굴로 말을 했다.

"잘 있었니?"

잘 있었냐니. 아침에 봐놓고는.

자동 반사적으로 아빠의 목소리만 들으면 불퉁해졌다. 나는 무뚝뚝한 목소리로 말했다.

"갑자기 여기는 왜 왔어요? 어떻게 알고?"

괜히 다 닦아 둔 컵만 다시 들고 닦아 댔다. 아빠 앞에서는 늘 이랬다. 잘못한 일도 없는데, 마치 잘못한 것처럼 주눅이 들었다. 그 주눅을 감추려다 보니 항상 말은 공격적으로 나왔다.

"할머니도 뵙고, 너 일하는 것도 보려고……."

아빠가 말끝을 흐리며 말하자 나는 대뜸 고개를 돌려 물었다.

"저 여기서 일하는 거 알고 계셨어요?"

아빠는 고개를 끄덕였다.

"도서관에 간다는 말을 믿었을라고?"

"네?"

아빠는 농담처럼 한 말인 것 같지만 나는 좀 억울해졌다. 왜 안 믿지? 나랑 도서관이 안 어울린다는 뜻인가? 공부를 하는 건 아니지만 도서관은 한때 나의 은신처였다. 아빠는 농담이 통하지 않은 내 표정을 보더니 어쩔 줄 몰라 하며 얼른 말을 덧붙였다.

"할머니가 전화를 주셨어. 여기서 너 일하니까 걱정 말라고. 낮

시간에 몇 번 오기도 했다. 네가 아빠한테 이야기하지 않은 데는 나름 이유가 있을 거라고 할머니가 말씀하셨지. 할머니 말씀을 믿고 기다렸어. 덕분에 차도 마시고."

"아……."

온몸에서 기운과 정신이 스르륵 빠져나가는 것만 같았다. 아빠에게 감췄던 비밀을 사실 나 빼고 모두 알고 있었던 거잖아?

"할머니는 그럼 아빠도 저도 다 알고 계셨던 거예요? 근데 왜 말씀 안 해주셨어요?"

절로 서운한 마음이 들었다. 그런 내 마음을 눈치챈 할머니가 의자를 빼며 말했다.

"아름아. 속상해하지 말고 이리 와서 앉아 보렴."

당장 가게를 뛰쳐나가고 싶었지만 마지못해 나는 부루퉁한 얼굴로 의자에 앉았다. 그러고는 할머니도 아빠도 보지 않았다. 삐뚜름하게 테이블 사이를 보았다.

"내가 너를 처음 만났을 때가 생각나니? 만일 그때 알바를 시작하는 너에게 '아빠에게 우선 먼저 말씀드리자'고 했다면 넌 아마 도망가고 말았을걸? 아빠의 '아'자만 꺼내도 너는 듣고 싶지 않아했을 거야. 아니니?"

"……."

"너에게 다가가기 위해 아빠도 꽤 오래 기다리셨단다. 잘못 다가

서면 줄행랑을 칠 것 같아서 섣불리 말하지 못했어. 그랬다간 너와 이야기할 기회를 영영 잃어버릴 것만 같았거든. 왜냐면……."

할머니의 말을 듣던 아빠가 어렵사리 입을 열었다.

"아빠도 너와 이야기를 나누고 싶었는데 도무지 방법을 모르겠더구나. 그래서 너 없을 때 이곳을 찾았다. 네 마음이 아빠를 받아 줄 수 있는지 할머니와 이야기를 나눴어."

아빠의 목소리가 조금 주눅 들어 있었다. 그러자 그런 생각이 들었다. 어쩌면 나처럼 아빠도 주눅 든 마음에 날선 말을 내뱉은 건 아닐까? 나는 그제야 아빠를 보았다.

마주 본 아빠가 낯설었다. 이렇게 아빠를 마주 보고 앉은 것이 언제였는지 기억나지 않았다.

사실 우리는 서로를 향한 안테나를 하나씩 꽂고 살았다. 서로 없는 존재인 것처럼 말하지 않고 있었지만 무지하게 신경 쓰고 있었다. 나도 아빠가 나를 신경 쓰고 있다는 걸 알고 있었다. 나도 그랬으니까! 오늘은 기분이 어떨까? 오늘은 말을 걸어 볼까? 또 "쓸데없으니 그만해"라는 말을 하겠지? 때로는 루아 이야기를 꺼내 보고도 싶었다. 그리고 또 때로는 엄마 이야기를 하고도 싶었다. 슬플 때면 아빠한테 털어놓고 싶었다.

그런데 늘 마음으로만 말할 뿐이었다. 그런 시간이 오래되자 나는 아빠가 나에게 할 말이 있다는 것이 잘 상상이 안 되었다. 그런데 아빠가 나와 이야기를 나누고 싶었다고? 나를 기다리고 있었다고?

"무슨 이야기를 하고 싶었는데요?"

나는 정말 궁금해졌다. 아빠는 나와 무슨 이야기를 하고 싶을까? 나처럼 속으로 계속 말을 하고 있었을까?

"네가 알바를 하는 이야기. 그리고 학교에서 있었던 일. 고양이를 돌봐 준다는데, 그 고양이도 보고 싶었지. 이름이…….."

"루아요."

"그래. 이름이 참 귀엽네. 네가 고양이를 돌본다는 게 좀 믿기지 않았다. 고양이를 좋아하는 줄 몰랐거든. 아빠가 참…… 무심했지."

아빠는 잔뜩 미안한 얼굴로 말했다. 이런 아빠는 좀 적응이 되지 않았다. 늘 힘없고 피곤에 지친 얼굴로 나를 상대하기 귀찮아하던 아빠가 익숙한데. 나는 어떻게 받아들여야 할지 모르겠다는 아빠의 모습에 입을 굳게 다물었다.

할머니가 자리에서 일어나 주방으로 갔다. 얼마 후 할머니는 따뜻한 김이 모락모락 피어오르는 찻잔들을 들고 나타나셨다.

"마음탄탄 유자차예요."

"마음탄탄요?"

내가 할머니를 바라보며 물었다.

"응. 마음탄탄. 아름아, 내가 왜 찻집을 열었는 줄 아니?"

"네?"

사실 할머니가 찻집을 연 이유가 돈을 많이 벌기 위해서라고 보이지는 않았다. 그랬다면 이런 언덕배기에 찻집을 열지 않았을 것 같다. 매번 언덕길을 올라와 가쁜 숨을 내쉬는 손님들에게 차를 내주면서 할머니는 그들과 이야기를 나누었다. 손님들이 돌아가는 모습을 보면 나는 그들이 차를 마시러 온 건지, 이야기를 하러 온 건지 헷갈리기도 했다.

할머니는 왜 찻집을 열었을까?

"나에게도 젊은 시절이 있었지. 하고 싶은 것도, 할 수 있는 것도 많았어. 의욕에 가득 차 사업을 시작했지. 신기하게도 일이 술술 풀렸어. 하지만 마음속 욕심은 끝이 없더구나. 나는 거침없이 일을 하며 내가 가진 모든 것을 걸었단다. 내 곁에 있는 사람들은 물론이고 나를 돌볼 시간도 없이 살았지. 그때는 마음에 대해 귀를 기울이는 시간이 장난처럼 보이더구나. 그럴 시간에 돈을 더 벌고, 일을 더 해야 된다고 생각했어. 언제부턴가 이상하게 일이 잘 풀려도 하나도 행복하지 않았어. 뭔가 잘못된 것 같다는 기분과 불만족감만이 나를 뒤흔들었지. 너와 함께 이야기했던 화, 슬픔, 회피, 불안만 내 곁에 남아 있었단다. 그때는 그런 감정을 혐오하고 인정할 수 없었어. 내가 그런 감정 따위에 휘둘린다는 걸 받아들일 수 없었지."

아빠와 나는 숨조차 제대로 쉬지 못하고 할머니의 이야기를 들었다.

"시간이 흐르며 깨닫게 되었어. 그 감정에는 아무 잘못이 없다는 것을. 그건 나를 일깨워 주려는 마음의 신호였어. 그 감정에 좀 더 일찍 귀 기울였어야 했는데. 결국 내 곁에 있는 사람들이 다 떠나고, 나는 마음의 병을 앓게 되었지. 그런데 차츰 마음에 대한 이야기를 하면서 치유가 되었단다."

"……몰랐어요. 할머니."

"그래. 나도 이 이야기를 정말 오랜만에 꺼내는구나. 아름아. 내가 제일 견디기 힘들었던 감정이 뭐였는 줄 아니?"

"……."

"그건 후회였어."

후회. 나도 잘 알고 있다. 엄마가 사고를 당하던 날 아침, 나는 엄마에게 버럭 하며 소리 질렀다. 조금만 일찍 일어나서 아침을 먹으라는 소리에 온갖 짜증을 다 냈었다. 끝내 늦장을 부리다 지각하게 되자 또 짜증을 부렸다. 왜 더 빨리 깨우지 않았냐고.

그날, 내가 엄마와 나눈 마지막 대화가 그런 것이었다. 누구에게도 말할 수 없는 장면이었다. 잊히지도 않는 그 기억에 내내 후회했다. 왜 그렇게 매몰차게 말했을까? 다정하게 말할걸. 말도 잘 듣고 마주 보며 웃기도 많이 웃을걸. 그때 일이 생각나자 눈이 벌겋게 달아올랐다.

"나는 매일 '만약 내가 그때 다른 선택을 했다면 어땠을까?' 하는 후회를 하며 살았단다. 스스로를 원망하고 끝없이 미워했어. 나는 내가 하지 못한 선택에 대한 가능성을 너무 크게 기대했지. 어쩌면 지금보다 더 나쁜 결과일지도 모르는데 말이야. 그렇게 생각하니 마음이 조금은 편안해졌어."

할머니는 긴 이야기를 마치고 한층 편안해진 듯 보였다. 잠자코 이야기를 듣던 아빠가 말했다.

"고생이 많으셨겠어요."

그 단조로운 한마디에 위로가 담겨 있었나 보다. 할머니는 빙긋 웃었다.

"많이 서툴렀지요. 그 서투름 덕분에 찻집을 열게 되었으니 꽤 쓸모 있는 경험이었어요."

할머니는 다시 나를 보았다.

"그 이후에도 삶은 여전히 힘들었단다. 종종 비슷한 후회를 했지. 자꾸 그러니까 후회하는 이유에 대해서 곰곰이 생각해 봤어. 나는 자꾸만 과거를 바꾸고 싶었던 거야. 현재는 그냥 둔 채 말이야. 아름아, 지나간 일은 아쉬움이 많이 남아. 하지만 그건 바로 지금의 순간에서 바라보기 때문이야. 바꿀 수도 없는 과거를 아쉬워하느라 현재를 들여다보지 않으면 또 비슷한 후회만 하게 된단다. 어떻게 해야 할까? 지금, 오늘을 또 후회해야 할까?"

나는 천천히 고개를 저었다.

"아니요."

나는 아빠를 바라보았다. 아빠와 함께 하는 지금, 오늘을 후회하지 않으려면 어떻게 해야 할지 조금은 알 것 같았다.

"후회가 내가 알려 준 이야기는 바로 이거란다. 지난날의 실수에 연연하라는 게 아니라 잘 살펴보라고. 그리고 지금 오늘을 성실하게 살아가라고."

할머니는 씨익 웃으며 유자차를 마셨다.

"그런 후회들 덕분에 나는 찻집도 열고, 너와 이렇게 진짜 이야기를 나누게 되었단다. 이제 아름이 너도, 아빠와 함께 후회가 알려주는 이야기를 귀 기울여 보는 게 어떠니? 아버지도 마음의 준비가 되신 것 같구나. 그러니 여기 이렇게 오신 거고 말이야. 그렇죠?"

아빠는 할머니의 말에 고개를 끄덕였다.

나도 할머니처럼 마음탄탄 유자차를 마셨다. 늘 잔잔한 바다 같다고만 생각한 할머니의 마음은 폭풍우가 치는 바다였다. 나는 할머니의 이야기를 듣는 내내 마음에 찌르르 전기가 흐르는 듯했다.

다시는 후회하고 싶지 않았다. 특히 엄마에게 했던 일과 같은 후회는 또다시 되풀이하고 싶지 않았다. 나는 비로소 후회가 하는 이야기를 들을 준비가 된 것 같았다. 지금, 오늘을 직면하기 힘겨워 자꾸만 과거로 도망치는 일을 이제는 정말 그만해야겠다.

아빠와 나는 오랫동안 이야기를 나누었다. 누구의 잘못이라고도 할 수 없었던 시간들에 대한 이야기였다. 아빠가 후회하고 있었던 일들, 내가 슬퍼하고 있었던 일들에 대해 이야기했다. 우리는 오랜만에 처음으로 같은 곳을 바라보았다. 유리창 너머의 풍경을.

과거로 도망치지 않고
오늘 다시 시작하려는 마음을 위해,

마음탄탄유자차

　　겨울 추위에 강한 유자처럼 사람들도 겨울이 되면 유자청을 뜨거운 물에 타서 자주 마셔. 유자에 담긴 비타민이 면역력을 키우는 데 아주 도움이 되거든.

　　그런데 몸만큼이나 마음에도 면역력이라는 게 필요해. 눈에 보이지는 않아도 마음도 몸처럼 잘 돌봐 주어야 하니까. 몸의 상처는 쉽게 볼 수 있지만 마음에 난 상처는 유심히 들여다보지 않으면 알기 어렵거든. 병들어 버린 마음은 아주 작은 말 한마디, 아주 작은 행동에도 상처받을 수 있어.

과거의 선택에만

머물러 있게 된다면

많은 사람들이 하는 후회 중에 가장 흔한 건 '아, 짬뽕 먹을걸 그랬나?' 같은 게 아닐까? 짜장면과 짬뽕은 주문 직전까지도 우리를 힘들게 하는 메뉴야. 막상 결정을 하고 나서도 "저, 주문 바꿔도 되나요?"를 묻게 되지. 하지만 고민 끝에 내린 결론이라도 "역시 잘한 선택이야!"를 외칠 수 있는 경우는 많지 않아. 먹어 보지 못한 메뉴에 대한 아쉬움은 어쩔 수 없이 남게 돼.

물론 이런 후회는 금세 날려 버릴 수 있어. '아, 다음엔 짬뽕 먹어야지.'라는 식으로 말이야. 하지만 살아가면서 겪게 된 많은 일들이 모두 짜장과 짬뽕을 고르는 일처럼 단순하지는 않아. 가끔은 인생 전체를 흔들 만큼 중요한 결정과 관련 있기도 해. 입시, 취업처럼 중요한 결정 앞에서는 더욱 그래. 하지만 그런 결정이 후회된다고 해서 시간을 거스를 순 없어. 생각해 봐. 모르긴 몰라도 이때의 결정도 그 당시에는 최선이었을 거야. 아마 머리를 싸매고 고민했을 거야. 그럼에도 지금 후회가 되는 건 그때의 상황과 지금이 달라졌기 때문이야.

그런데도 우리는 바뀐 상황은 생각하지 못하고 후회만 해. '정말 바보 같았다.'라고 말이야. 이런 생각은 실패한 이유를 과거의 잘못된 선택에서만 찾기 때문이야. '만약 그때 내가 이랬다면……' 이런 식의 생각을 되풀이하는 거지. 자꾸만 과거를 거슬러 올라가고 과거의 선택에만 머물러 있기 쉬워. 이렇게 되면 새롭게 시작하기가 더 어려워지지.

크든 작든 우리는 늘 실패를 겪고 후회를 하게 돼. 그런데 후회만 한다면 다음으로 나아갈 수 없고 거기에 묶여 있게 되겠지. 물론 그렇다고 후회를 하지 말라는 이야기가 아니야. 후회는 무척 중요한 과정이야. 내가 무엇을 잘못했는지 여실히 깨닫는 과정이니까. 중요한 건 후회 다음의 행동이야. 후회만 하고 거기에 있는 것과 후회하고 더 이상 그러지 않기 위해 나아가는 것 중 무엇을 선택하는가. 그게 중요한 거지.

예를 들어, 시험을 망치고 '더 열심히 공부할걸.'하는 후회도 누구나 해 봤을 거야. 그럼 어떻게 해야 할까? '난 머리가 나쁜가 봐' 하고 자책만 하는 것은 별 도움이 되지 않아. 공부를 한다고 앉아 있기는 했는데 정말 공부에 열중했는지, 시간을 어떻게 활용했는지, 틀린 문제는 왜 틀렸는지, 어디에서 생각을 잘못했던 것인지 되짚어 보는 노력이 필요해. 그리고 지금 여기서 할 수 있는 것을 찾는 거지. 후회는 아이러니하게도 앞으로 후회하지 않기 위해 반드시 필요한 감정이야.

현재를 좀 더 충실히
살아간다면

우리는 살아가면서 많은 것을 직접 선택한다고 믿어. 하지만 스피노자는 이런 생각을 날카롭게 지적했어. 스피노자는 후회는 모든 나쁜 일의 원인을 자기 탓으로 돌리는 데서 시작한다고 하면서 이걸 아주 오만한 태도라고 여겼어. 왜냐고? 사람은 신이 아니어서 스스로가 어떤 일의 결과에 절대적인 역할을 한다고 볼 수 없다는 거야. 그럼에도 마치 스스로 모든 것을 통제하고, 결정한 것이라고 믿는 태도에서 후회가 비롯된다는 거야.

잘 생각해 봐. 우리가 정말 모든 것을 선택할 수 있니?

사실 우리는 짜장면과 짬뽕을 고르는 일조차도 모두 통제할 수 없어. 예산이라는 범위가 있고 짜장 맛집이 너무 멀다면 가까운 곳을 선택해야 할 수도 있어. 이런 단순한 일조차에도 우리의 선택권은 그리 많지 않다는 거고, 그 당시의 선택은 아마 그때로선 최선이었을 거라는 거지. 그럼 이제 후회는 당연한 거니 미련 없이 잊으면 될까? 후회 따윈 무시해도 되는 걸까?

아니, 그렇지는 않아. 후회는 지금 상황이 달라졌다는 신호면서 지금 상황에 맞춰 다시 수정을 요구하는 목소리야. 자신의 부족함을 발견하고 이미 지나간 일이 아닌 바로 지금, 그리고 앞으로 다가

올 시간에 좀 더 집중해 달라는 목소리이기도 해.

물론 쉬운 일은 아니야. 그래서 좌절과 실패로 지친 마음이 다시 회복하는 데도 노력이 필요해. 우리 몸이 그러하듯이 마음에도 면역력이 필요하지. 면역력을 길러 주기 위해서 우리는 마음이 전하는 이야기에 귀를 기울여야 해. 비록 후회의 순간을 되돌릴 수는 없지만 그 일로 인해 부족함을 알게 되었다면 이제는 현재를 충실히 살아가도록 해. 지금 이 순간을 다시 후회하게 될지 모르겠지만 이런 후회들이 조금 더 나은 선택과 방향을 제시해 주기 위한 것이라는 걸 잊지 않길 바라. 그러니까 후회가 찾아온다고 주눅 들거나 자책하지 말자. 그리고 후회의 이유를 잘 살피는 연습을 해보자.

마음이
걸어오는
말
한 마디

인생에서 가장 후회되는 한 가지는,
하지 않았다는 사실입니다.

_스티브 잡스

무엇인가에 계속 도전하기 위해서는
실패와 좌절도 필요하다는 사실을 잊지 말기를.
실패에서 시작된 후회가
앞으로 나가는 힘이 될 수 있길 바라.

오늘은 나에게
어떤 마음이 찾아올까?

▽ 아름아, 알바 잘하고 아빠가 나중에 데리러 갈게. 사랑해.♡

나도 모르게 픔 하고 웃음이 나왔다. 우리 아빠 진짜 많이 발전했
네. ♡까지 붙인 아빠의 문자가 이제는 낯설지 않다. 엄마가 돌아가
시고 난 후 사랑한다는 말을 다시는 못 들을 줄 알았는데.

화면을 톡톡 눌러 나도 사랑한다고 답장을 보냈다.

그때 지원이가 쓰윽 얼굴을 내밀었다.

"알바 가?"

"응."

"이러다가 할머니 가게 이어받는 거 아니야?"

"오~! 대박. 진짜 그랬으면 좋겠다!"

오르막길을 앞두자 지원이가 가기 싫은 기색을 내비쳤다.

"학원 가기 싫다."

"그래도 가야지. 나 너랑 못 놀아줘. 후계자 수업 받아야 하거든."

나는 의기양양한 표정으로 언덕길을 가리켰다. 언덕을 오르면 도착하는 그곳을 지원이는 부러운 얼굴로 올려다보더니 말했다.

"나도 너처럼 알바 해볼까?"

어째 지원이랑 내가 바뀐 것 같은데?

나는 웃으며 지원이 등을 떠밀었다.

"어서 공부하러 가세요!"

지원이가 손을 흔들며 가고 나는 오르막길을 올랐다. 아무도 오르지 않을 것만 같았던 이 길이 이제는 더없이 친숙해졌다. 처음에는 마치 도망치는 기분으로 왔던 것 같은데. 지금은 오르는 길이 힘들지도, 더 이상 쓸쓸하지도 않았다. 다만 오를 때마다 물어본다. 내 마음에게. 그게 할머니 찻집에서 일하며 알게 된 것이기도 하니까. 그러자 내 마음도 하고 싶은 말을 가끔 들려줬다.

시간이 더 흐르면 나도 할머니처럼 누군가에게 마음이 하는 말을 함께 들어 줄 수 있는 사람이 될 수도 있지 않을까? 요즘 들어 자꾸 하고 싶은 일에 대한 생각이 부쩍 늘었다.

냐옹. 테라스에 앉아 있던 루아가 폴짝하고 발 앞으로 점프했다.

"안녕? 루아."

햇살이 가게로 스미는 오후였다. 이제 곧 무거운 마음들이 가게로 도착할 시간이 되었다. 오늘은 또 어떤 마음이 찾아올까?

참고
도서

하지현, 『지금 독립하는 중입니다』, 하지현, 창비, 2017

하지현, 『불안 위에서 서핑하기』, 창비, 2018

일자 샌드, 『서툰 감정』, 다산지식하우스, 2017

변지영, 『내 마음을 읽는 시간』, 더퀘스트, 2017

변지영, 『내 감정을 읽는 시간』, 더퀘스트, 2019

김신식, 『다소 곤란한 감정』, 프시케의 숲, 2020

오시마 노부요리, 『쉽게 흔들리는 감정을 지금 당장 없애는 법』, 한국경제신문, 2018

이성주, 『아리스토텔레스, 이게 행복이다!』, 생각비행, 2018

조미혜, 『나는 왜 내 마음을 모를까?』, 자음과 모음, 2016

줄리 에반스, 『삶을 사랑하는 기술』, 더퀘스트, 2018

린다 새퍼딘, 『두려운 마음 버리기』, 팬덤북스, 2014

이상건(2019), 「뇌 연구의 역사 1: 기원전 고대 뇌 연구의 역사」, 서울대학교 의과대학 신경과학교실

　　DOI:https://doi.org/10.35615/epilia.2019.00010

론 마라스코, 브라이언 셔프 『슬픔의 위안』, 현암사, 2012

최기홍, 『아파도 아프다 하지 못하면』, 사회평론, 2018

이서원, 『감정식당』, 가디언, 2021

스튜어트 월턴, 『인간다움의 조건, 사이언스북스, 2012